박인환, 정치적 메타비판으로서의 시세계

박인환,
정치적 메타비판으로서의 시세계

서규환 지음

다인아트

서문

박인환의 시는 거장 김수영의 시에 못지 않은 작품세계의 품격을 보여준다. 혹은 그 이상이다. 그렇지만 한국시연구사에서 박인환은 김수영과는 비교할 수조차 없을 정도로 저평가되어 왔다. "경박한 감상주의자", "겉멋만 부리는 모더니스트" 등의 부정적 수식어가 여전히 박인환에게 낙인처럼 붙어 있지만, 엄밀 독해하면 전혀 그렇지 않다. 이 책에서 나는 오해와 몰이해의 늪에 빠져 있는 박인환의 시를 구출하고자 한다. 그 방법은 비판적 (재)해석이다.

박인환의 시는 정치적이다. 내가 정치적인 것이라 하는 것은, 하나의 본체적 진리가 탈역사적으로 존재한다는 것을 믿는 진리존재론적 형이상학이 설득력을 상실한 다음, 인간이 인간의 자유를 실현하는 조건들을 스스로 헌정(constitution)하는 실천이라 규정한다. 그것은 이른바 "철학의 위기"에 대응하는 양식에서 정치적인 것을 재헌정하려는 시도다. 시인 박인환은 이 시의 정치성을 진보적 모더니즘을 수용하면서 실천한다.

정치적 상상력을 주장하는 나의 시원적 사유에서 시는 사치가 아니라 필수다. 정치적 상상력은 자연에서 문화로 넘어오는 장기적 진화론적 전환과정의 인간의 사유력인데, 시는 정치적 상상력의 실천양식에 속한다. 정치적 상상력은 문명화 과정에서 시원적 사유력으로서 모든 문화의 원리로 작용한다. 시원은 원리를 역사적으로 표현한 것에 다름 아니다.

나의 정치적 상상력은 독일 사회학자 니클라스 루만(Niklas Luhmann)처럼 현대화과정을 분화의 급진화로 이해하는 가운데 시의 준거는 시라고 선언하는 판단을 비판하고, 프랑스의 철학자 자크 데리다(Jacques

Derrida)와 같은 프랑스의 해체주의적 탈구조주의자들처럼 "세계의 산문성"(모리스 메를로-퐁띠)을 해체하며 단편성과 파편성을 주장하는 입장을 부정하고, 총체성의 탈형이상학적 재구성, 열린 총체성을 이론화해 왔다. 나의 열린 총체성 이론에서 시원의 언어는 언어의 시원, 즉 원리를 말한다. 언어는 의미론적으로 획일적으로 닫혀 있지 않고 모순적으로 열려 있되, 완전히 해체되어 있지는 않다. 산은 하늘에 걸리어 있지 않지만 "하늘에 걸린 산"(화가 장상의의 작품명)이라는 은유적 표현과 함께 세계에 대하여 사유한다. 장 자크 루소가 논술하고 있듯이, 사회가 없다면 언어의 현존적 존재이유가 없으며 언어가 없다면 사회의 성립이 불가능하지만 언어와 사회는 이 모순에도 불구하고 모순 속에서 전개되어 왔고 우리는 소통한다. 정치와 시가 대화적으로 존재하며, 정치학자와 시인은 서로 대화를 요청해야 한다. 정치학자는 협소한 정치 개념을 비판해야 하고 시인은 시어를 정치적으로 재헌정해야 한다. 그리고, 분화된 개별 분과학들의 경계를 넘어 학제간 대화와 연구를 해야 하는 당위성도 언어와 사유, 그리고 사회의 열린 총체성에 있다.

문예의 상징인 시와 정치의 관계를 논의하는 문헌들은 적지 않다. 현대성은 문예가 종교/국가/정치로부터 해방되는 과정이었다. 그렇지만 여기에는 새로운 의존이 기다리고 있었다. 문예가들은 시장에서 자신의 "상품들"을 판매해야 한다. 문예가들은 "경제"에 의존하게 된다. 그렇지만 문예가들의 시장의존성이 곧바로 문예의 시장의존성은 아니다. 전업문예가가 아니라 직업 밖에서 문예창작활동을 전개할 수 있다. 문예가는 창조자이기를 그만 두지 않는 한에서는 국가(정치권력)와 시장(경제권력)을 부정해야 한다.

다른 한편, 시인이 역사를 창조하고, 창조해 나간다는 명제가 우리의 일상에서도 들리며, 사상사에서도 굳건한 전통을 지니고 있는데, 우리는 이를 경계해야 한다. 낭만주의에서부터 니체를 거쳐 엘리어트의 모더니즘까지 전개되어온 시인의 역사창조성 테제를 말한다. 이 가운데 대중적 거장은 니체다. 니체의 『짜라투스트라는 이렇게 말했다』(*Also sprach Zarathustra*)[1]에서 국가의 소리가 그만 정지할 때, 다시 말해서, "과잉적이지 않는 인간", 즉 시인이 국가를 대신하여 소리를 낸다. 역으로 말하면, 시인은 국가의 소리를 정지시키는 자이다. 그리고, 물론, 시인은 시장 밖에 있으며, 또한 고독하다.[2]

니체는 시장에서 일어나는 배우들과 시장의 파리들을 말하고 있다. 니체가 시장 그 자체를 부정하는 것은 아니다. 오히려 시장과 국가 이전의 창조자를 진정한 창조자로 간주한다. 그 창조자는 비가시적이다. 이를 가시화하는 자가 있다. 인민은 정작 이 창조자를 파악하지 못한다(begreifen). 인민은 창조자의 메시지, 시를 실행하는 실행자와 배우에게서 감각을 가질 뿐이다. 시는 인민에게 파악되지 못하는 한에서 "난해하다"(T.S. 엘리어트). 물론 완전히 불가능한 것이 아니라, 거의 파악되지 못한다고 니체는 말한다. 그러므로 인민에게 궁극적으로 창조자, "새로운 가치들의 창조자"(die Erfinder von neuen Werten)[3]는 다가가는 셈이다. 인민과 창조자 사이에 실행자와 배우가 있다.

니체는 시의 우선성을 주창했지, 시가 사회와 완전히 분리되는 것을 주장하는 것이 아니었다. 곧, 시가 국가(정치)와 시장(경제)을 완전히 처음부터 지배하는 것이며, 시는 국가와 시장의 옆에 있지 않고, 그 위에 군림한다. 니체의 시인은 고독한 군주와 같다. 그는 오늘 인민의 인기와 주목과 명예를 얻기를 포기해야 한다.

박인환의 정치적 시는 니체의 시인의 그것과는 다르다.

시의 정치성을 주장하려면, 시의, 문예의 절대적 자율성 명제에 대해

---

1) Friedrich Nietzsche, *Werke in secks Bänden*, herausgegeben von Karl Schlechta, München-Wien, Carl Hanser Verlag, 1980, Band III, p.315.

2) Nietzsche, 위의 책, Band III, p.316.

3) Nietsche, 위의 책, Band III, p.316.

서도 얘기해야 한다. 문예의 내용이 절대적으로 문예적이려면 문예의 주체가 절대적으로 문예적이어야 한다. 그리하여 이른바 주체의 죽음, "주체의 소멸하는 것"(Das Verschwinden)(Peter Bürger)명제를 지지하는 탈현대적 사유가 확산되고 있는 듯하다.

문예의 절대적 자율성 명제는 역사적으로, 내용적으로 윤리(도덕)와 정치로부터의 자유를 의미한다. 예컨대 헨리 밀러가 있다[4]. 밀러와 바타이유. 섹스에 붙어온 모든 윤리적인, 도덕적인 것들을 탈각시키는 과제를 설정한다, 예술의 이름으로. 밀러의 『북회귀선』(1934년)은 다음과 같이 시작의 언어가 붙어 있다. "그렇다면 이것은? 책이 아니다. 이것은 고상함에 대한 모욕이고 중상이며 명예훼손이다. 이것은 보통 의미에서의 책이 아니다. 아니다, 이것은 신과 인간과 운명과 시간과 사랑과 미에 대한 꾸짖음이요, 예술의 얼굴에 침을 뱉는 지속적인 모욕이다 ------ 나는 너를 위하여 노래할 것이다. 다소간 음정이 맞지 않더라도 난 노래할 것이다. 나는 네가 캑캑거리며 죽어가는 동안 노래할 것이다. 나는 너의 더러운 시체 위에서 춤을 출 것이다 ------."[5] 헨리 밀러의 세계는 사드의 그것으로 거슬러간다. 윤리와 도덕 그 자체가 부재하는 것이 아니라 그것에 저항하는, 그것을 부정하는 식으로 그것에 결속되어 있다. "일몰 후에 낯선 도시에 들어선 사람은 자연히 밝은 곳을 향해 걸어가게 된다. 그러나 나의 본능은 오히려 어두운 곳으로 가고 싶어한다. 나는 음란한 소리, 천박한 웃음소리, 더러운 욕소리, 의미 없는 신음소리, 또는 흐느끼는 소리 등이 밤의 침묵을 깨뜨리는 곳을 향해 가고 싶어한다 ----- 어둠 속에서 울고 있는 여자는 흔히 굶주린 사랑을 갈망하고 있는 법이다."[6] 밀러의 예술의 절대성 명제는 일기에 더 잘 나타나 있다. "만일 우리가 진정한 예술가라면 예술에는 규

---

4) 김성곤, 『포스트모던 서설과 비평』, 열음사, 1993, pp.353-359.

5) 김성곤 1993: 354에서 재인용.

6) 밀러의 소설 『북회귀선』에 있는 말인데, 김성곤 1993: 355에서 재인용.

칙이 없다는 것을 먼저 알아야만 한다. 태양 아래 있는 모든 것에는 규칙이 있으나 예술에는 그런 것이 없다. 예술 속에서 우리는 자유롭다. 그 속에서는 머리보다는 가슴의 지시에 따르기 때문이다."[7] 밀러의 절대적 자유 주장은 미국이라는 역사적 맥락에서는 미국정치를 지배하는 이념으로서의 청교도주의에 대한 부정으로 읽힌다. 그의 부정방식은 모든 연대를 거부하는 절대적 자유였다. 그리고 그것은 섹스와 죽음을 동시적으로 예찬하는 바타이유의 세계로 흘러들어가는 것이다.[8] "외설은 상징의 불충분함을 표시하는 한 방법이자 더 이상 이미지를 보존할 수 없을 때 일어나는 폭발이기도 하다. 인간이 자신의 우주를 의미있게 만들기 위해 발명해 낸 상징들 중에 성적 상징은 가장 불안정한 것이다. 왜냐하면 섹스의 수수께끼 속에서 인간은 죽음의 맛을 가장 가깝게 볼 수 있기 때문이다."[9] 흥미로운 것은 문예의 절대적 자율성 명제 저자들이 윤리와 도덕을 부정하는 방식에서는 매우 구체적이지만 정치를 부정하는 방식에서는 그렇지 않다는 것이다. 정치 그 자체를 부정하는 방식은 존재하는가, 하는 의문을 우리는 제기할 수 있다. 또한 윤리 및 도덕의 부정은 탈윤리적이고 탈도덕적인 삶의 방식이 현실적으로 존재할 수는 없음을 그들은 잘 알고 있는 듯하다. 그러므로 그것은 오직 환상의 세계에서만 인정된다고 그들은 주장한다. 그러므로 그들은 환상과 현실의 절대적 구분, 분리를 할 수 있는 능력을 전제로 하는 것이다. 그런 절대적 인간은 현실에서 있기 어렵고, 그런 자가 있다고 할지라도 왜 그런 취향을 가지겠는가.

열린 총체성의 대화에서는 순수주의를 부정해야 하는 과제도 있다.

---

7) 김성곤 1993: 355-356에서 재인용.

8) 이 맥락에서 아도르노가 『부정변증법』에서 하이데거를 겨냥한 듯 죽음의 철학을 비판한 바를 기억하자. 또한, 서규환, 「조르주 바타이유의 부정적 논리에 대한 비판」, 『사회세계연구』 제21집, 2005년, pp.117-144 참조.

9) 『전쟁 이후의 일요일』, 1961년 뉴 디렉션 출판을 김성곤 1993: 357에서 재인용.

예컨대, 순수시의 이데올로기를 비판해야 한다. 박인환의 시가 열린 총체성 이론을 파악하고 있었다고 말할 수는 없겠지만, 그의 시는 순수시를 부정하고 시의 정치성을 표현하면서도 본격문학의 품격을 보여주고 있다. 순수시를 추구했던 스테판 말라르메, 폴 발레리, 랭보 등은 절대적 시적 순수성을 다시 찾기 위해서 시에 붙어 있는 모든 문학적이고 인간적인 요소들을 배제하려 했다. 아이러니한 것은 그들의 이상은 음악이었다는 점이다. 이 점이 회화에서 순수성을 추구했던 클레, 칸딘스키, 몬드리안, 말레비치 등과 차이가 나게 하지만 순수성을 믿는 신념만은 같았다. 음악의 순수성을 먼저 주장했던 사상가는 쇼펜하우어였지만 문학사적으로는 초기낭만주의에서 발원한다. 단어의 소리에 따라 의미를 전달하는 음악, 그것이 순수시의 본질적인 공식이었는데 말라르메의 시에서 이런 의도는 목표로서 설정되어 있었지만 실현된 것은 거의 없었다.

순수성에의 믿음은 절대성에의 믿음과 내재적으로 연결되어 있다. 사물을 분석하여 그것들의 순수한 요소를 밝혀내고 재생산할 수 있다는 실증주의적 믿음이 바로 그 고리다. 실증주의적 사유 속에서 시에서 본질적으로 시적이지 않은 모든 요소들을 배제하려 했고, 또 배제할 수 있다고 믿었던 시대가 있었다. 제들마이어는 순수시를 추구했던 말라르메를 두고 이렇게 예리하게 지적한 바 있다. "의식적으로든 무의식적으로든 말라르메는 시를 하나의 물질로 생각했다. 이 물질은 물론 마음대로 가벼울 수 있고 순간적이며 빛이 나는데, 시인은 그것을 붙잡으려고 노력하며, 그것을 모든 혼합(합금)에서 깨끗하게 하여 투명하고 목이 긴 유리병에 부어넣어야 한다. 이런 분석술을 시행하면서 그는 자신도 모르는 사이에 '비평가'가 되어 버린다." 말라르메의 순수시는 "시적인 감흥만이 있는 시를 쓰는 것"을 유토피아의 모토로 삼고 있었다.

순수시, 순수회화, 순수음악, 순수법학, 순수정치학 등등이 존재한다고 믿었던 시대가 있었다. 이념으로서 순수성은 확고한 궁극적 원소를 분석하여 얻어낼 수 있다는 형이상학적 사유, 그 환상을 기초로 하고 있다. 다른 모든 의미와 연관을 배제하려는 순수성의 지향성은 실현불가능하며, 현실세계에서 그런 환상은 위험하다. 복합적 세계에서 그런 지향성은 오히려 문학과 예술의 창조를 마비시킬 수 있다. 순수성만을 고집할 때 순수성은 오히려 파괴된다.

박인환은 자연시학(예컨대 청록파)의 서정시에 저항했다. 자연시학의 자연적 "근원을 향한 향수"는 현대성에 대한 전면적인 소박한 거부의 정서를 담고 있고, 그것은 독재정치 시대의 정치적 이데올로기와 내밀하게 때로는 노골적으로 결합되어 있었다. 바로 이같은 자연시학의 시정신에 대항하여 박인환은 새로운 시, 정치적인 시를 썼다.

세계사적 격동기를 너무도 짧은 생애로 살았던 시인 박인환은 순수성의 시를 부정하고 시의 정치성을 시적 상상력과 역사와 사회에 대한 산문적 통찰력으로 시어화 했다.

나는 이 자리에서 박인환의 시세계에 대한 서문적 독해로 난해한 「목마와 숙녀」 같은 시들보다는 비교적 쉽게 읽히는 듯한 그의 시 몇 편을 먼저 읽어본다. 먼저 「인제」. 이 시는 시인 박인환이 태어난 강원도 인제에 대해서 얘기하고 있다. 그는 이 시를 1956년 3월 20일 죽기 약 일주일 전에 한 일간신문(『조선일보』, 1956년 3월 11일)에 남겼다.

인제

인제
봄이면 진달래가 피었고
설악산 눈이 녹으면
천렵가던 시절도
이젠 추억.

아무도 모르는 산간벽촌에
나는 자라서
고향을 생각하며 지금 시를 쓰는
사나이
나는 기묘한 꿈이라 할까
부질없고나.

그곳은
전란으로 폐허가 된 도읍
인간의 이름이 남지 않은 토지
하늘엔 구름도 없고
나는 삭풍 속에서 울었다

어느 곳에 태어났으며
우리 조상들에게 무슨 죄가 있었던가

눈이여
옛날 시몽의 얼굴을 곱게 덮어준
눈이여
너에게는 정서와 사랑이 있었다 하더라.

나의 가난한 고장
인제
봄이여
빨리 오거라.

박인환은 인제의 봄을 부르고 있다. 봄이란 겨울 다음에 오는 계절인데, 절기상으로 3월 11일이지만 아직은 봄이 오지 않은 것이다.

"고향을 생각하며 지금 시를 쓰는" 시인은, 꿈을 꾸고 있다는 환상 속에 있다. 그 환상 속에서는 완전히 다른 인제의, "그곳의" 현실이 펼쳐 있다.

> 그곳은
> 전란으로 폐허가 된 도읍
> 인간의 이름이 남지않은 토지
> 하늘엔 구름이 없고
> 나는 삭풍 속에서 울었다

이 환상의 현실에서 그는 고향 인제는 자신의 고향으로 생각할 수 없을 정도로 폐허가 되었음을 보았다. 그 폐허 앞에서 그는 반문한다. 나는 "어느 곳에서 태어났으며/우리 조상들에게 무슨 죄가 있었던가." 그곳에는 눈을 내릴 구름도 없으며 삭풍만 불고 있을 뿐이었다. 하지만, 이것은 어디까지나 환상의 현실, "기묘한 꿈"일 따름이다. 박인환은 고향 인제의 봄이 오리라는 것을 확신한다. 환상의 현실은 "기묘한 꿈"이었고, 그런 한에서 "부질없"는 것이었다. 이제 현실의 인제에서 박인환은 아직은 눈이 남아있던 모습에서 눈마저 긍정적으로 느낀다.

"옛날 시몽의 얼굴"은 무엇인가. 박인환은 독자의 해석적 능력을 요청하고 있다. "시몽"은 구르몽(Ramy de Gourmont, 1858.4.4~1915.9.27)의 시「낙엽」속에 등장하는 "시몽"을 말하고, "시몽의 얼굴"은 낙엽, 곧 가을을 은유하고 있는 듯하다. 하지만 박인환은 여기에서 눈은 "옛날 시몽의 얼굴을 곱게 덮어준"다고 표현함으로써 "옛날" 시정신을 넘어서려는 의지를 표현하고 있다. "옛날 시몽", 곧 시몽은 과거의 인물인 알레고리다. 정서와 사랑이 있는 과거의 시정신을 덮되, 곱게 덮어준다는 표현 속에서 박인환은 정서와 사랑을 부정하는 것이 아니라 그것을 넘어서는 새로운 시정신, 시의 몽상, 시몽을 표명한다. 그것은 겨울의 눈 다음에 반드시 오고야마는 봄으로 표현된다. 그 봄은 제1연에서 말했듯이 이미 지나간 과거의 봄, 추억의 봄이 아니다. 그럴 수도 없다. 그것은 "이젠 추억"이 되어버렸기 때문이다. 박인환의 봄은 "천렵가던 시절"의, 자연의 봄이 아니라 문명과 문화의 봄이다. 박인환은 문명의 시인이었다.

1948년 11월 25일자 『자유신문』에 발표한 박인환의 시 「언덕」은 서정적으로 보이지만 매우 정치적인 내용을 담고 있는 시다.

언덕

연날리던 언덕
너는 떠나고
지금 구름 아래
연을 따른다
한 바람 두 바람
실은 풀리고
연이 떨어지는 곳
너의 잠든 곳

꽃이 지니
비가 오며 바람이 일고
겨울이니
언덕에는 눈이 쌓여서
누구 하나 오지 않아
네 생각하며

연이 떨어진 곳
너를 찾는다

박인환에게서 "언덕"은 양편을 가르는 공간이다. 예컨대 한국상황에서 그것은 남과 북을 가르는 삼팔선이라는 공간이다. 이쪽에서 저쪽으로 넘어가는 그 언덕 위에서 연을 날리곤 했는데, 이제는 더 이상 연을 날릴 수 없게 된 상황을 이 시는 전하고 있다. 연이 떨어졌다는 사실은 연을 날릴 수 없다는 사실을 간접적으로 말하고 있는 것이다. 우리는 이 시에서 이런 의미론적 구조화 맥락에서 "너"가 무엇인지를 감지할 수 있다. 그것은 남과 북의 소통, 평화, 혹은 한반도 그 자체에 다름아니다. 연을 날릴 수 없게 된 까닭, 언덕에 올라 저편을 향하여 연을 날릴 수 없게 된 까닭은, "꽃이 지니/비가 오며 바람이 일고/겨울이니/언덕에는 눈이 쌓여서" 언덕으로 올라 갈 수 없기 때문이다. 물론 여기에서 겨울과 눈은 단순한 자연 현상을 말하는 것이 아니라 한반도의 정치적 상황 변화를 의미한다. 연과 나를 연결해 주었던 그 실이 끊어지고 연은 어디론가 떨어지고 말았는데, 박인환은 그 연을 찾고 있다. 그는 결코 절망하지 않고 있음을 최종적으로 표현하고 있다. "너"는 잠이 들었을 뿐, 결코 죽지 않았다.

박인환은 "독립과 자유를 절규하던" 시인이었다. 그가 1956년 3월 20일 밤 9시경 심장마비로 돌연히 사거하기 직전에 쓴 것으로 추정되는 유고 시 「3 · 1절의 노래」(『아리랑』, 1957년 4월)에서 구체적인 역사적 비판의식을 표명한다.

3 · 1절의 노래

즐겁게 3 · 1절을 노래했던 해부터 지금 10년이 지났다

독립이 있었고
눈보라 치던 피난을 겪으며
곤란과 서러움의 10년이 지났다.

변함없이 푸르른 하늘
그때의 사람과
그때의 깃발을
하늘은 잊지 않는다.
아니 내 아버지와 내 가슴에
저항의 피가 흐른다.

지금 우리는 소리 없이 노래 부른다
노래를 부르지 않아도 좋다.
그것은 무거웁게 민족의 마음에
간직되어 있고
우리는 또한 싸움의 10년을 보냈다.

우리는 보지 못했어도
저 하늘은 선열의 주검을 보았고
그때의 태양은
지금의 태양

3월 초하루가 온다.
맑은 하늘과 우리의 마음에
독립과 자유를 절규하던
그리운 날이 온다.

이 시는 1945년 8·15 해방일 이후의 시대를 말한다. 이 시대는 결코 행복한 시대는 아니었다. 일제로부터 독립은 되었지만, 한국전쟁과 같은 "눈보라 치던 피난을 겪으며/곤란과 서러움의 10년"을 보냈다고 그는 얘기한다. 이렇게 확인한 다음, 그는 "저항"을 기억하며 호소한다. 그 저항의 연속성은 나의 가슴에서 아버지의 가슴으로 그리고 마침내 하늘로 확장되며 심화된다. 우리의, 민족의 투쟁사를 분명하게 보았을, 기억하고 있을 그 하늘은 그러므로 변함없이 푸르고, 태양은 그 때처럼 빛나고 있다. 침묵의 노래를 부르는 것은 나만은 아니다. 우리, 아니 "민족의 마음", "가슴"에 무겁게 간직되어 있음을 확인하면서 그것을 요청한다. 박인환에게서 독립과 자유의 요청은 한반도에 국한되지 않았다. 한반도를 넘어 아시아로, 전 지구로 그의 시야는 넓게 나아갔다.

이 책은 정치적인 것을 재헌정하여 정치학를 새롭게 정초하려는 나에게는 시정치학적 연구의 사례가 되는 셈이다. 그것은 학제간 연구에 속한다. 개별 분과 전문가들이 산술적으로 한 곳에 모인다고 해서 학제간 연구가 되지는 않는다. 각 연구자가 총체성의 파악에 관심을 가져야 하고 열정을 투여해야 학제간 대화와 연구가 본격화된다. 학제간 사상연구회에서 이 연구의 논고를 발표했을 때 논평해 준 김희봉 교수, 조경식 박사, 최문규 교수, 오현철 교수, 이원태 박사에게 이 자리를 빌어 감사의 뜻을 전한다. 엄밀독해자, 그러니까 부드러운 붓으로 흙을 쓸어내는 급진 고고학의 예리한 눈으로 오류들을 제거해준 내 제자 박상희(인하대대학원 박사과정생)에게 나는 특별하게 감사의 뜻을 말해야 한다. 박인환 시전집은 역사비평판을 기획했지만 여전히 부족하다. 다음 기회에 보완, 완성할 수 있기를 바라며 박인환 시전집 편집에 책임을 지고 고생한 다인아트 유봉희 사장과 편집부 일동에게도 깊은 감사를 드린다.

부족하지만 이 책은 필자의 스승이기도 했던 장인어른(양승주 교수,

1926-2003)께 헌정하고 싶다. 그는 스위스에서 고·중세 인도게르만언어사라는 고독한 기초학문연구로 동양최초로 박사학위를 받고, 오직 학문과 후학양성에 일관했다. 그리고 한결같은 사랑으로 내조해준 나의 사랑하는 아내 양선화에게도 감사의 말을 전한다.

연구실에서
서 규 환

※ 본 저서는 인하대 연구비지원에 의해 수행되었음.

차 례

기타

제3부 박인환 연보 및 연구문헌서지

제1부

박인환,
정치적 메타비판으로서의 시

"시를 쓴다는 것은 내가 사회를 살아가는 데 있어서 가장 의지할 수 있는 마지막 것이었다.
나는 지도자도 아니며 정치가도 아닌 것을 잘 알면서 사회와 싸웠다."
– 박인환, 1955.

Ⅰ. 박인환을 오독해 온 한국문학비평

우리는 박인환을 어떻게 이해하고 있는가?

『박인환』을 쓴 이동하는 "센티멘털 저니"가, 박인환의 시들 가운데 예외적으로 시같은 시라고 평가한 「목마와 숙녀」 바로 뒤에 배치되어 있지만 "정작 「목마와 숙녀」에 어느 정도의 매력을 얹어 주었던 요소들은 털끝만큼도 나눠 갖고 있지 못하다"고 단언한 다음, 곧이어 "세련된 감수성의 반짝임도 없고 의식의 긴장도 전무하다. 눈에 뜨이는 것은 다만 '카프리 섬의 원정園丁' 따위를 뇌까리는 경박한 겉멋과 안이한 언어구사, 이미저리의 분산 그리고 센티멘털리즘뿐인 것이다"고 평한다.[1] 박인환에 대한 잘못된 이미지를 확고하게 굳게 만드는 데는 이동하의 『박인환』도 매우 중요한 역할을 한 것으로 보인다.

박인환 시를 논평해 온 지금까지의 논의들을 보면 대체로 다음과 같은 문제점 혹은 특징이 나타난다. 첫째 박인환의 문학을 논의하면서 그의 작품의 역사적 맥락을 무시하거나 고려한다고 하더라도, 단순히 문학사적 맥락 위에서만 논의하는 경향이 매우 강하다는 점, 둘째 지나치게 박인환이 소속되어 있었던 단체와 그의 행동거지, 문학 밖의 정황에 맞추어 그의 문학을 평가하려는 태도, 셋째 박인환에 붙어 있는 세속적 평판을 의식함으로써 지나치게 작품의 평가가 평자 자신의 감정적 오류(emotional fallacy)를 확인하고 그것에 지배되는 태도 등이다.[2] 요컨대, 박인환의 시 그 자체를 읽고 그 의미론을 밝히는 방법론보다는 구체적 시 밖에 있는 "얘기거리"를 중심으로 박인환의 시세계

---

1) 이동하 편저, 『木馬와 淑女와 별과 사랑: 박인환 평전』, 서울 : 문학세계사, 1986(1993년 개정판), p.67. 이하 이동하(『박인환』)는 모두 1993년 개정판 이동하 편저, 『한국현대시인연구⑫ 박인환-박인환 평전·논집/박인환 대표시 감상·연구자료』, 서울 : 문학세계사를 가리킨다.

2) 박민수, 「박인환 시의 모더니즘적 특성」, 『한국현대시의 리얼리즘과 모더니즘』, 국학자료원, 1996, pp.195-196.

를 만들어 왔다는 것이다.

예리하지는 않지만 그래도 몇 가지 시 작품들을 읽고 박인환의 시세계를 이해하려는 입장이 없지는 않다. 예컨대 박민수는 박인환의 시를 크게 전쟁 이전과 이후로 구분하여 그 세계를 규정하려 한다.

> 우선 상상력과 거기에 담긴 정신적 의식 내용을 통시적으로 살필 때, 무엇보다도 박인환은 전쟁 전의 시와 그 후의 시에 있어 크게 다름을 나타내 보이고 있다. 전쟁 전에 쓰여진 시들은 특히 신현실주의적 속성을 강하게 드러내면서 미래 전망의 긍정적 태도를 보이고 있었는데, 전후의 시들은 급격히 현실주의적 태도로부터 벗어나면서 동시에 절대 절망의 허무주의로 일관하고 있다는 점이다. 이러한 절대 절망의 허무주의가 모더니즘의 한 속성으로 이해되면서 지적 논리화의 과정을 거치기도 하지만, 여기에 수반되는 철학성이나 사상성의 결핍, 또는 스스로가 빠져 있는 절대 절망을 극복하려는 인간적 의지의 부족, 나아가서는 문학과 생명을 동일시하는 지나친 예술지상주의적 사고의 모순, 그리하여 그가 표준으로 삼은 모더니스트의 이상의 죽음을 모방하는 퇴폐적 정신 상황 등으로 이어져 결국 그의 시는 생명 파탄의 모습을 보여주기까지에 이른다.[3]

이같은 비평은 전쟁 후의 시들에서 이동하식의 인상비평에 타당성을 부여하는 것이다.

박인환 사례에서 흥미로운 또 하나의 점은 박인환 시가 대시인의 반열에 속하지 못한다고 평가절하하는 분위기가 압도하고 있는 상황에서도 그에 대한 평전은 상대적으로 적지 않다는 것이다. 크게 세 종류의 박인환평전이 있다. 널리 읽히고 있는 이동하의 평전이 있다. 이동하는 『박인환』[4]에서 박인환에 대해 그동안 전통적으로 붙여온 그 전형

3) 박민수, 『한국현대시의 리얼리즘과 모더니즘』, p.223.

적인 이미지(센티멘털리즘)를 바탕으로 박인환의 생애와 문학세계를 전체적으로 읽을 가치가 없는 것으로 폄하했다. 이동하의 평가와는 제법 다른 김영철의 평전이 있다. 김영철은 『한국 전후 문학의 기수 - 박인환』[5]이라는 그의 단행본 가운데 「생애와 문학적 도정」에서 이동하와는 매우 다르게 전체적으로 박인환과 그의 시를 매우 가치 있는 성과로 인정하려 한다. 그리고, 윤석산의 『박인환 평전 : 지금 그 사람 이름은 잊었지만』[6]은 가장 먼저 나온 것으로서 박인환의 생애를 적극적으로 평가하지 않고 "중립적" 관점에서 관찰하려 한다. (이 가운데 이동하의 평전이 김수영 이래의 세평을 가장 충실하게 반영하는 것이므로, 우리는 주로 이 세평의 타당성을 비판하는 맥락에서 이 평전을 주로 논하게 될 것이다.)

우선 박인환의 「센티멘털 저니」[7]를 읽어보자.

센티멘털 저니

주말週末 여행旅行
엽서葉書……낙엽落葉
낡은 유행가流行歌의 설움에 맞추어
피폐疲弊한 소설小說을 읽던 소녀少女.

4) 이동하, 『박인환』, pp.13-87.

5) 김영철, 『한국 전후 문학의 기수 - 박인환』, 서울 : 건국대학교출판부, 2000, pp.13-103.

6) 윤석산, 『박인환 평전 : 지금 그 사람 이름은 잊었지만』, 서울 : 모시는 사람들, 2003. 이 평전은 『박인환 : 지금 그 사람 이름은 잊었지만』, 서울 : 영학출판사, 1983의 개정판이다.

7) 「센티멘털 저니」의 제목 표기는 판본에 따라 다른데, 변화에 해서는 이 책 pp.141-145를 참고.

이태백李太白의 달은
울고 떠나고
너는 벽화壁畵에 기대어
담배를 피우는 숙녀淑女.

카프리 섬의 원정園丁
파이프의 향기香氣를 날려 보내라
이브는 내 마음에 살고
나는 그림자를 잡는다.

세월歲月은 관념觀念
독서讀書는 위장僞裝
거저 죽기 싫은 예술가藝術家.

오늘이 가고 또 하루가 온들
도시都市에 분수噴水는 시들고
어제와 지금의 사람은
천상 유사天上有事를 모른다.

술을 마시면 즐겁고
비가 내리면 서럽고
분별分別이여 구분區分이여.

수목樹木은 외롭다
혼자 길을 가는 여자女子와 같이
정情다운 것은 죽고
다리 아래 강江은 흐른다.

지금 수목樹木에서 떨어지는 엽서葉書
긴 사연은

구름에 걸린 달 속에 묻히고
우리들은 여행旅行을 떠난다.

주말週末 여행旅行
별 말씀
거저 옛날로 가는 것이다.

아 센티멘털 저니
센티멘털 저니[8)]

"센티멘털 저니"라는 시 역시 매우 오해되어 온 박인환 시의 하나다. 총 9연으로 구성되어 있다. 박인환의 시를 긍정적으로 보려는 김영철도 이 시를 박인환의 대표시의 하나로 뽑았는데, 그 이유는 이 시가 박인환 하면 으레 따라붙는 센티멘털리즘을 가장 잘 보여주는 예라고 판단했기 때문이다.

> 박인환 시의 기본 성향은 모더니즘이지만 그 기저에는 늘 서정적 감성이 자리 잡고 있다. 때로는 그것이 지나쳐 센티멘털리즘으로 노정되기도 한다. 같은 모더니스트 시인인 김수영도 그를 감성주의자라고 부른 바 있으며, 기존의 일반 평가에서도 감상성을 박인환 시의 특질로 규정하고 있다. 이러한 박인환 시의 특질이면서도 한계로 지적받고 있는 센티멘털리즘을 가장 잘 보여주고 있는 것이 이 작품이다.[9)]

아마도 이 시가 박인환이 저급시인이었음을 증명하는 결정적인 예가 된 것은 한국문학비평계에서 대시인으로 평가되고 있는 김수영의 악평

---

8) 이 책, p.220.

9) 김영철, 『박인환』, pp.185-186. 김영철은 이 시를 구체적으로 분석하고 있지 못하다. 이동하와 큰 차이가 없는 피상적 인상비평의 또 하나의 예이다.

이 있었기 때문이었던 것 같다.[10] 김수영은 잘 알려져 있듯이 다음과 같이 혹평했던 것이다.

> 그래서 이 글을 쓰기 전에 나는 인환의 『선시집』의 후기를 다시 한 번 읽어보고, 「밤의 미래장」이란 시를 읽어보고, 그래도 미흡해서 「센티멘탈 쟈니」라는 시를 또 한 번 읽어보았다.
>
> 인환 ! 너는 왜 이런, 신문 기사만큼도 못한 것을 시라고 쓰고 갔다지? 이 유치한, 말발도 서지 않은 후기. 어떤 사람들은 너의 「목마와 숙녀」를 너의 가장 근사한 작품이라고 생각하는 모양인데, 내 눈에는 '목마'도 '숙녀'도 낡은 말이다. 네가 이것을 쓰기 20년 전에 벌써 무수히 써먹은 낡은 말들이다. '원정園丁'이 다 뭐냐? '베코니아'가 다 뭐이며 '아뽀롱'이 다 뭐냐.[11]

박인환을 폄하해 왔던 이미지는 바로 한국문학사에서 대시인의 대열에 서 있는 김수영의 이같은 악평이 매우 결정적인 작용을 한 것이다.[12] 과연 김수영은 박인환을 정당하게 이해하고 그렇게 비판했는가?

---

10) 한국문학비평계에서 박인환을 낮게 평가하는 태도는 이와 같이 매우 오래되었다. 송하춘·이남호 공편, 『1950년대의 시인들』, 서울 : 나남, 1994에서도 1950년대를 대표하는 16명의 시인들을 논의하는 가운데 박인환은 제외되어 있다. 이남호가 쓴 「1950년대와 전후세대 시인들의 성격」에서도 박인환의 「목마와 숙녀」를 인용한 다음, "이러한 시는 퇴폐주의와 감상주의의 절묘한 결합으로 보인다. 우리의 감상을 건드리는 가락이 일품이긴 하지만, 여기에는 구체적인 삶이 없다. 절망적 폐허와 삶에 굴복한 자의 문학적 포즈로서의 퇴폐와 감상이 있을 뿐이다."(p.19). 이남호의 이 같은 비평은 박인환에 대한 오래된 비평을 재생산하는 것이었다.

11) 김수영, 「박인환」, 김영철, 『박인환』, p.160. 김수영 역시 "센티멘털 저니"의 의미를 정확하게 읽지 못했을 가능성이 높다. 그 역시 "저니"를 "쟈니"로 표기했다.

12) 박인환 폄하 대열에 적극 동참한 이동하는 자신의 『박인환』에서 바로 이 김수영의 악평문을 가장 앞자리에 넣고 있다. 「마리서사」(pp.91-93), 「박인환」

나는 김수영이 박인환의 시를 면밀히 읽지 않았다고 판단한다. 박인환을 혹평하고 있는 두 평문을 읽어보면, 김수영은 매우 감정적으로 쓰고 있다는 것을 알 수 있다. 김수영은 박인환 앞에서 감정을 다스리지 못하였던 것 같다.

이제 우리는 김수영이 구체적 해석도 없이 "신문 기사만큼도 못한" 것이라 가혹한 혹평을 한 바로 그 시를 면밀히, 꼼꼼하게, 엄격하게 읽어보아야 한다. 이 시를 이해하는 핵심은 마지막 연, 제9연 "아 센티멘털 저니/센티멘털 저니"를 어떻게 이해하는가에 있다. 나는 그것을 제1연에서 말한 "낡은 유행가流行歌"라 해석한다. 제1연에서 시인은 "낡은 유행가流行歌의 설움에 맞추어/피폐한 소설을" 독서하고 있던 한 소녀를 회상한다. 아마도 소녀는 주말여행을 하는 기차를 타고 있었던 중이었을 것 같다. 계절은 "낙엽", 곧 가을 무렵이었다. 그런 소녀가 지금 숙녀가 되어 "벽화壁畵에 기대어/담배를 피우"고 있다. 시인은 바로 그런 숙녀를 향하여 발언한다. 제3연에서 "카프리 섬의 원정園丁/파이프의 향기를 날려 보내라"고 명령하면서, 그 숙녀의 센티멘털리즘을 비판한다. 시인의 이브는 결코 그 숙녀가 아니다. "이브는 내 마음에 살고/나는 그림자를 잡는다"는 표현은 그의 이브가 외면적인 장식, 겉멋의 숙녀가 아님을 나타낸다. 제2연에서 "이태백李太白의 달은/울고 떠나"는 까닭은 이 숙녀를 결코 이태백 같은 시인은 긍정할 수 없는 때문이다.

아마도 시인이 이 숙녀를 비판적으로 파악하는 핵심은 그 숙녀가 죽음을 파악하는 태도에 있을 것이다. 그 숙녀는 "거저 죽기 싫은 예술가"라 시인은 파악하는 것이다. 죽음을 부정하는 것은 박인환에게서 예술을 부정하는 것에 다름 아니다. 제5연은 바로 이를 표현한다. 숙녀는 "세월"을 관념적으로 이해하고 "서적"을 정독하지 않는, "독서"를 진정으로 하지 않는 "센티멘털 저니"이다. 이 시는 "센티멘털 저니"를 예찬

(pp.94-95).

하는 시가 아니라 정반대로 비판하는 시이다. 그렇다면 "센티멘털 저니"와는 다른 나는 어떠한가. 나는 "주말여행"을 떠나는 존재가 아니다. "주말 여행/별 말씀/거저 옛날로 가는 것이다." 지나간 세월의 체험을 회상하는 나는 결코 혼자가 아니다. 제8연에서 "우리들은 여행을 떠난다"고 말하고 있다. 그 여행은 세월의 의미를 성찰하고 독서를 정당하게 하는 과정일 것이다. 이태백의 시를 읽는 시인의 길이다.

"엽서", 그것은 소통의 수단이다. 제7연은 시인이 풍경을 그린다. 그 풍경은 아마도 이태백의 시 이미지를 연상케 한다. 그 이태백의 시 세계로 "우리들은 여행을 떠난다". 박인환은 이태백이 엽서를 보낸 것으로 시어화 한다. 그것은 시인 개인의 주관적 의지를 넘어서는 것임을 시사한다. 박인환은 이 시에서 서로 다른 두 시세계를 대비시키고 자신의 시세계가 어떠한 시세계인지를 밝히려 한다. 통속적 "센티멘털 저니"는 "술을 마시면 즐겁고/비가 내리면 서럽고" 분별과 구분을 하지 못하는 사이비시인이다. 그는 "낡은 유행가의 설움에 맞추어/피폐한 소설을 읽던 소녀"에 불과하다.

II. 목마와 숙녀의 세계

박인환에 대한 총체적 오해는 거듭 말하지만 김수영이 시를 면밀하게 읽고 판단을 내리지 않고 인상적으로 비평을 내뱉는 악평, 그리고 이 이미지를 단순재생산하는 비평들에 의해서 매우 깊어져 있다.

이동하의 박인환 폄하는 전형적인 것이다. 그것은 나름대로는 절실한 것이었겠지만 냉정하게 따져 보면 시를 피상적으로 읽고 시 밖의 생활사의 자락들을 들추어내어 시와는 거리가 먼, 폭언을 퍼붓는 것이다.[13] 이동하는 박인환의 시세계를 최종적으로 다음과 같이 논평한다.

> 그의 시는 겉으로 내세운 모더니즘의 화려한 기치와는 달리 평범한 상식인의 수준을 넘지 못했고 거기다가 어휘의 빈곤, 이미지의 불통일, 경박한 겉멋 등의 약점을 동반한 결과로 별다른 감동을 주지 못하는 경우가 대부분이지만 「남풍南風」이나 「검은 신神이여」 같은 예에서 보듯 외적 상황에 대한 절실한 인식이 갖춰진 경우에는 예외적으로 그런 한계를 초극한 적도 있었다.[14]

이동하는 박인환에게서 예외적으로 시같은 시가 있다는 식으로 박인환의 시를 혹평한다.

> 그 단 한 편의 기적 같은 예외란 말할 나위도 없이 박인환의 대표작으로 기억되고 있는 「목마와 숙녀」를 가리킨다.[15]

그런데 이동하는 예외적 시라고 판단하면서도 이 시를 어떤 논거에서 예외적으로 성공한 시다운 시라고 평가하는가. 그 논거는 매우 정체불명이고, 정말 겉멋만 부린 폭언에 불과하다.

> 「목마와 숙녀」가 예외적인 존재라고 해서 거기에 박인환 시의 일반적 결함이 없는 것은 아니다. 겉멋을 부리려는 태도는 여전히 남아 있으며

---

13) 이동하, 『박인환』, p.63을 참조하라.

14) 이동하, 『박인환』, p.63. 물론 비논리적인 긍정의 평범한 폭언도 있다.

15) 이동하, 『박인환』, p.63. 이동하의 이같은 판단은 1991년 『박인환시선집 목마와 숙녀』에 붙인 발문에서도 반복된다. "그가 남긴 시작품들 가운데 대부분에는 오늘날의 전문적 연구자나 일반 독자를 끌어당길 만한 매력이 갖추어져 있지 않다. 여기서 내가 '전부'라 하지 않고 '대부분'이라 한 것은, 예컨대 목마와 숙녀 같은 예외적 존재가 있음을 무시할 수 없기 때문이다." 이동하, 「박인환의 시세계에 대하여」, p.146.

(중략) 모호하면서도 진부한 귀절이 나타나서 감동을 줄이기도 한다. (중략) 대개의 경우 진부한 언어밖에 늘어놓을 줄 모르던 이 시인이 웬일로 여기서는 이만큼 다듬어진 표현을 구사할 수 있게 되었는지 신기할 정도이다. 그가 오랫동안 읽어 온 서양시의 테크닉이 여기서 일순간 그 광채를 보여준 것인지도 모른다.[16)]

이 이동하의 말이 맞는다면, 시 「목마와 숙녀」는 졸작이거나 실패작이며 시가 되지 못한다. 그러나 그의 비평 진술은 논리적이지도 않으며 구체적이지도 않고 피상적 주관적 인상을 매우 거칠게 반복하는 수준을 넘지 않는다.

시 「목마木磨와 숙녀淑女」를 다시 읽어야 한다.

목마木馬와 숙녀淑女

한 잔의 술을 마시고
우리는 버지니아 울프의 생애生涯와
목마木馬를 타고 떠난 숙녀淑女의 옷자락을 이야기 한다
목마木馬는 주인主人을 버리고 거저 방울 소리만 울리며
가을 속으로 떠났다 술병에서 별이 떨어진다
상심傷心한 별은 내가슴에 가벼웁게 부숴진다
그러한 잠시 내가 알던 소녀少女는
정원庭園의 초목草木옆에서 자라고
문학文學이 죽고 인생人生이 죽고
사랑의 진리眞理마저 애증愛憎의 그림자를 버릴 때
목마木馬를 탄 사랑의 사람은 보이지 않는다

---

16) 이동하, 『박인환』, pp.63-64.

세월歲月은 가고 오는 것
한 때는 고립孤立을 피하여 시들어 가고
이제 우리는 작별作別하여야 한다
술병이 바람에 쓰러지는 소리를 들으며
늙은 여류작가女流作家의 눈을 바라다 보아야 한다
……등대燈臺에……
불이 보이지 않아도
거저 간직한 페시미즘의 미래未來를 위하여
우리는 처량한 목마木馬 소리를 기억記憶하여야 한다
모든 것이 떠나든 죽든
거저 가슴에 남은 희미한 의식意識을 붙잡고
우리는 버지니아 울프의 서러운 이야기를 들어야한다
두 개의 바위 틈을 지나 청춘靑春을 찾은 뱀과 같이
눈을 뜨고 한 잔의 술을 마셔야 한다
인생人生은 외롭지도 않고
거저 잡지雜誌의 표지表紙처럼 통속通俗 하거늘
한탄할 그 무엇이 무서워서 우리는 떠나는 것일까
목마木馬는 하늘에 있고
방울소리는 귓전에 철렁 거리는데
가을 바람소리는
내 쓰러진 술병 속에서 목메어 우는데[17)]

"우리"는 술을 마시며 대화를 나누고 있다. 대화는 "버지니아 울프의 생애와 목마를 타고 떠난 숙녀"에 관한 것이다. 목마란 무엇일까? 살아 있는 말이 아니다. 그것은 끊임없이 회귀하는 궤도를 따라 움직일 뿐이다. "목마를 타고 떠난 숙녀"는 조만간 떠난 그 지점으로 반드시 회

17) 이 책, p.218.

귀한다는 것일까? 여기에서 옷자락은 떠날 때의 나부끼는 이미지를 시각적으로 형상화하는 시귀이다. 그런데 이 시에서 "버지니아 울프"는 무엇을 의미하는가? 주인을 버린 목마? 목마의 주인은 목마를 탄 자일 것이다. 곧 "목마를 타고 떠난 숙녀"가 목마에서 내려 어디론가 떠난 것이다. "목마는 주인을 버리고 거저 방울 소리만 울리며"라는 표현에서 거저는 빈 목마, 목마를 탄 숙녀가 내려버린 목마를 의미하고, "거저 방울 소리만 울리며"라는 표현은 빈 목마의 공허한 걸음을 가리킨다. "목마를 타고 떠난 숙녀"는 목마를 타고 있다가 목마에서 내려 떠나버린 숙녀를 의미한다. 시점은 가을이 깊어가던 때였다. 작별이 일어났다. 아마도 목마를 타고 있었던 숙녀가 죽어버렸다는 것을 말하는 것 같다. 이 숙녀의 죽음 때문에 "별"은 마음에 상처를 입는다. 아마도 목마를 타고 있었던 숙녀와 별 사이의 관계는 특별했던 것 같다. "버지니아 울프와 목마를 타고 떠난 숙녀"에 대해 이야기하던 "우리"는 술을 마시는 중이었는데 가을 속으로 떠났다. "술병에서 별이 떨어진다." 숙녀의 죽음으로 상처받은 별, 즉 그녀의 딸이 당한 슬픔이 나에게 다가든 것을 말한다. "상심傷心한 별은 내 가슴에 가벼웁게 부서진다." 내가 그 이야기를 한다. 나의 이야기를 듣는 자가 바로 늙은 여류 작가일 수 있다. 별은 나와 목마를 타고 있었던 숙녀 사이에서 태어난 아이이다. 그렇지만 나는 내 옆에 두고 그 아이를 보살피고 키운 것이 아니다. "그러한 잠시 내가 알던 소녀少女는"이라는 시어가 이를 표현한다. 아마도 그 아이는 다른 집에서 자란 것 같다. "정원庭園의 초목草木 옆에서 자라고"라는 시어는 이를 표현한다. 나와 숙녀의 자녀인 소녀는 정원이 있는 집 속에서 잘 교육받고 자라지 못했다는 것이다.

이 시에서 핵심 주제는 문학의 죽음이다. 문학의 죽음을 얘기하는 문학이 이 시의 흐름이다. 버지니아 울프의 삶과 문학은 바로 이 같은 문학의 죽음과 관련된 알레고리다. 목마를 탔던 숙녀에 대한 기억마저 이제 의미 없다. 사랑의 의미마저 무의미하게 되었던 것이다.

나는 늙은 여류작가와 술을 마시며 얘기를 나누고 있었다. 이렇게 얘기를 하는 것은 어쩌면 아직은 의미가 완전히 죽지 않고 남아 있었던 까닭인지 모른다.

"고립을 피하여 시들어 가고"라는 시어는 고립을 능동적으로 선택하지 않고 고립에서 수동적으로 벗어나기 위해서 의미 없이 타인들과 만나 얘기하여 삶의 의미를 오히려 살아나지 못하게 만들었다는 것을 표현한다. 나는 이제서야 더욱 깨닫는다. 고립 그 자체를 능동적으로 선택해야 한다는 것을. "이제 우리는 작별하여야 한다"는 표현은, 바로 고립을 위한 그러한 작별의 시간을 선언하는 것이다. "늙은 여류작가"와의 대화도 이제 의미 없음을 나는 알게 되었다. 아마도 늙은 여류작가는 그러한 나의 인생관에 대해서 부정하는 입장을 가지고 있었을 것이다. 그 여류작가는 그러한 입장에 서 있었기 때문에 늙도록 살아 있는 것이다.

박인환은 세 가지를 주장한다 : 처량한 목마 소리를 기억하여야 한다는 것, 버지니아 울프의 서러운 이야기를 들어야 한다는 것, 눈을 뜨고 한 잔의 술을 마셔야 한다는 것. 바로 이것은 이 시가 시작하는 세 행과 일치한다.

> 한 잔의 술을 마시고
> 우리는 버지니아 울프의 생애生涯와
> 목마木馬를 타고 떠난 숙녀淑女의 옷자락을 이야기 한다

"처량한 목마 소리"는 목마를 탄 숙녀가 목마에서 내려 떠나버렸기 때문에 목마가 울리는 소리는 "처량한" 것이다. 버지니아 울프의 서러운 이야기는 문학의 죽음을 얘기한 그의 문학과 그의 삶을 말한다. "서러운"은 그러한 문학과 삶을 의미한다. 이 시에서 반전이 일어나는 것은 바로 제24행과 제25행이다. 양애경에 의하면, "아라비안나이트에서

젊음을 돌려주는 샘 이야기에서 가져온" 것이라 한다.

> 그 이야기의 주인공은 영원한 젊음과 생명을 주는 샘을 찾기 위하여 모험을 하다가 뱀의 행동에서 힌트를 얻어 그 샘물을 찾는다.[18]

박인환이 이 시에서 궁극적으로 말하는 것은 외로움, 고립 등을 극복하려는 환상적 의지를 표명하고 있다. 다시 말해서 영원한 젊음과 생명을 주리라고 믿는 것은 현실을 망각할 수 있게 하는, 단지 술에 취한 상태의 환상일 뿐이다. "눈을 뜨고 한 잔의 술을" 마시면서 영원한 젊음과 생명을 얻으리라는 환상 속에서는 "인생은 외롭지 않고" "거저 잡지의 표지처럼 통속"하다고 느낄 수 있다.[19]

박인환이 여기에서 "한 잔의 술을 마셔야 한다"고 말한다고 해서 문자 그대로 술을 마셔야 한다는 것으로 이해해서는 안 된다. 술은 또 하나의 현실, 가상적 세계를 시사한다. 문학의 죽음을 노래하는 시, 문학의 죽음 이후의 문학, 그것을 박인환은 적극적으로 추구하는 것이다. 그런 한에서 박인환은 현실세계에 대한 비판은 소극적이지 않았다.

---

18) 양애경, 『한국 퇴폐적 낭만주의시 연구』, 국학자료원, 1999, p.390.

19) 양애경은 이러한 시의 흐름을 정확하게 읽지 못하고 있다. 그리하여 양애경은 다음과 같이 논평한다. "그러나 그 다음의 연결은 다시 의문을 남긴다. 인생은 외롭지 않다고 화자는 말하는데 이는 시 앞부분이 주는 느낌과는 모순된다고 보인다. 그리고 인생이 '通俗하다'는 것은 이해하기 어렵지 않으나, '통속하니까 무서울 게 없는데도 무엇이 무서워서 우리는 떠나는 것일까'라는 말의 논리는 이해가 잘 가지 않는 부분이다. 시인 김춘수의 '무의미시론'은 시의 문맥의 논리보다는 직감적인 연상이 주는 이미지의 발랄함과 참신함을 두둔하는 논리라고 보는데, 그러한 관점에서 본다면 여기서 박인환 시 문맥의 논리성을 연구자 나름대로의 이해력으로 따져본다는 자체가 불합리한 일일 수도 있다. 그러나 연구자가 자신이 이해할 수 있는 부분만을 언급하고 넘겨버리는 일의 위험성은 더 크다. 왜냐하면 연구자는 일반 독자와는 달리 정리를 해야 할 책임을 지고 있기 때문이다." 양애경, 『한국 퇴폐적 낭만주의시 연구』, p.390.

권영민은, 자신의 글 「모든 떠나가는 것을 위하여 —목마와 숙녀론」[20]에서 박인환이 이 시에서 절망의 시선만을 가지고 있지 않았다는 것을 지적한다.

> 서정 자아가 대상으로서의 현실에서 자신의 내면을 향해 눈길을 돌린다는 것은 중요한 의미를 갖는다. 자기를 다시 발견하고 그것을 다시 드러내고자 할 때, 자아는 의식의 내면 지향 상태를 유지하게 마련이다.[21]

그렇지만 이러한 자아의 내면이 어떠한 성격의 것인지를 밝히는 것은 자아의 내면을 지향하고 있다는 지적보다 어쩌면 본질적 과제다. 바로 이 과제 앞에서 권영민은 예리하지 못하다.

> 대상으로서의 현실 전체를 절망과 허무의 세계로 인식하면서도 서정 자아의 확립이 이루어지지 못하고 있기 때문에, 이 시에서의 절망과 허무가 모두 서정 자아의 감정에서 비롯되어진 것처럼 느껴지기도 한다. 시 전체에서 확인할 수 있는 서정 자아의 무력함은 소극적인 자위책만을 추구하는 시정신에로 그대로 연결되는 것이다. 대상으로의 현실 자체에 적극적으로 대응하지 못할 경우, 절망과 허무의 상태에 대한 지적인 절제를 제대로 감당할 수 없게 된다는 것은 당연한 일이다. 「목마木馬와 숙녀淑女」가 심정적인 분위기로만 읽혀지는 까닭이 바로 여기에 있다. 박인환 자신이 고백하고 있는 것처럼 '불안과 희망'의 두 세계에서 그는 현실의 냉혹성을 감당하기 어려웠던 것이다. 결국 「목마木馬와 숙녀淑女」를 통해 우리는 모든 것이 떠나 버린 허무의 광장에 우수의 그림

---

20) 권영민, 「모든 떠나가는 것을 위하여 — 목마와 숙녀론」, 이동하, 『박인환』, pp.167-172. 이 글은, 권영민, 『한국대표시평설』, 서울 : 문학세계사, 1983에 실린 것이다. 여기에서는 이동하 『박인환』을 인용한다.

21) 권영민, 「모든 떠나가는 것을 위하여 — 「목마와 숙녀론」」, p.171.

자를 드리우고 서 있는 젊은 넋을 발견할 수 있을 뿐이다.[22]

박인환은 문학의 죽음 이후의 문학으로 이해했던 자신의 고유한 시로서 사회현실에 대해 적극적으로 투쟁했던 투사였다. 그는 소극적인 센티멘털리스트가 아니었다. 박인환은 그의 시집 『선시집』에서도 이 점을 분명하게 밝히고 있다.

> 시를 쓴다는 것은 내가 사회를 살아가는 데 있어서 가장 의지할 수 있는 마지막 것이었다. 나는 지도자가 아니며 정치가도 아닌 것을 잘 알면서 사회와 싸웠다.[23]

III. 무엇을 어떻게 읽는가

박인환은 이른바 「후반기」 동인이었다.[24] 박인환은 1952년 6월 16일 『주간국제』에 후반기 문예특집에서 "현대시의 불행한 단면"이라는 글을 발표한다. 박인환이 한때 경영했던 서점의 이름은 주지하듯이 '마리서사'이다. 이 이름은 박인환이 평소 좋아했던 프랑스의 마리 로랑생의 이름을 따서 그 서점 이름으로 삼았다고 한다.[25] 그런데 왜 마리서

22) 권영민, 「모든 떠나가는 것을 위하여 ―「목와 숙녀론」」, pp.171-172.

23) 윤석산, 『박인환 평전』, p.234에서 재인용.

24) 조향은 「인환과 '후반기'」(조향, 「인환과 '후반기'」, 박인환, 『박인환 전집』, 서울 : 문학세계사, 1986, pp.247-261)에서 후반기가 '後半紀'임을 지적했다. 後半期가 아니라는 것이다(p.248). 그렇지만 여전히 잘못 이해하는 이들이 적지 않다. 예컨대 전기철, 『한국 전후 문예비평 연구』, 국학자료원, 1994, p.154. 박인환의 「현대시의 변모」, 『신태양』, 1955, pp.222-223. 여기에서 김기림과 이상을 비판한다. 물론 그것은 '영향의 불안'에 속하는 것이다.

25) 윤석산, 『박인환 평전』, p.63.

사茉莉書舍인가? 일본 모더니즘 시인인 안자이 후유에(安西冬衛)가 31세 때 출간한 그의 첫 시집 『군함말리軍艦茉莉』에서 말리라는 한자어를 빌리게 된 것이다. 이 말리는 재스민을 뜻하는 말이기도 하다.

마리 로랑생은 누구인가? 프랑스의 여류화가이며 시인. 장 콕토가 야수파와 입체파 사이에서 덫에 걸린 작은 암사슴이라 노래했고, 전후 프랑스 젊은 예술가들의 본거지의 하나 몽마르트에서 아폴리네르, 피카소, 막스 자곱, 살몽 등 현대적인 시인, 미술가들과 교류했으며 특히 「미라보 다리」의 시인 아폴리네르(Appolinaire, 1880-1918)의 뜨거운 여인이기도 했다. 아폴리네르와의 이별을 슬퍼하며 쓴 시가 여전히 세간에 유행하고 있다.[26)]

버려진 여자보다
더 가여운 것은
떠도는 여자
떠도는 여자보다
더 가여운 것은
죽은 여자
죽은 여자보다
더 가여운 것은
잊혀진 여자

'후반기'에 속하는 시인의 대부분은 1920년대에 이 불안의 세계에 태어났다. 이들의 어떠한 한 사람도 그들이 성장되고 사고하는 방법이 그 기반을 황폐한 정신적 풍토에 두었다는 것을 부인치 않는다. 그리하여 우리들의 최초의 결합과 종말의 목표는 항시 동일한 시적 불안에서 이루어지고 있는 것이다. 1922년 구라파의 공황을 초래한 제1차대전이 끝난

26) 윤석산, 『박인환 평전』, pp.62-63.

후 현대문명과 사회의 불안정, 거기에 붕괴되어 가는 낡은 서구 문화와 그 전통이 그려낸 T. S. 엘리어트의 「황무지」는 발표되었다.[27)]

"황폐한 정신적 풍토"를 표현하는 것이 박인환의 시세계를 구성하고, 그런 한에서 그는 1920년대의 T. S. 엘리어트의 모더니즘을 수용한다. 그렇지만 엘리어트의 모더니즘을 답습하고 있는 것은 아니었다.

박인환은 전통을 강조했던 엘리어트의 모더니즘과는 달리 전통을 부정하는 태도를 취한다. 이런 맥락에서 박인환 시에서 등장하는 외래어 사용을 정당하게 이해할 수 있다. 박인환의 외래어 사용은 사대주의에 경도되었기 때문이었거나 서구적 멋을 부리기를 좋아했다거나 하는 종류의 것이 아니다. 그렇다면 이를 어떻게 이해해야 하는가? 양애경은 허혜정의 석사학위논문[28)]에 따라 심리적 효과를 노린 것으로 해석하고 있다.

첫째 모국어로 쓰여진 담론을 무너뜨림으로써 역사 혹은 민족이라는 허구적 개념을 무너뜨리려는 것, 둘째로 이방어의 적극적 차용을 통해 말하고 싶지만 타인에 의해 말하지 못하도록 억압받는 내용을 표현하는 방법으로 삼기 위한 것, (중략) 낯선 기호로 씌어진 텍스트는, 말하기 어려운 것과 말할 수 없는 것, 다시 말해 가려지고 억압된 욕망을 말하기 위한 효과적인 어법의 좋은 예가 될 수 있다는 것이다. 여기에 하나 부가한다면 사람들은 낯선 언어의 어감을 그 언어를 쓰는 나라 사람보다 더 상징적으로 받아 들이게 된다는 것.[29)]

---

27) 『박인환전집』, 서울 : 문학세계사, 1986, p.162를 양애경, 『한국 퇴폐적 낭만주의시 연구』, p.385에서 재인용.

28) 허혜정, 「1950년대 '후반기' 동인의 시와 시론연구」, 동국대학교 국어국문학과 대학원 석사학위 논문, 1993.

29) 양애경, 『한국 퇴폐적 낭만주의시 연구』, pp.387-388.

이기성은 자신의 글 「모더니즘을 넘어서는 심연 — 박인환과 김수영을 중심으로」[30)]에서 박인환의 시세계에서 서적이 어떠한 의미를 가지는지를 살펴보고 있다.[31)]

이기성은 일단 박인환의 시 「서적書籍과 풍경風景」을 읽는다.

다음의 시에는 박인환의 시 전반을 관통하는 여러 가지 특징들 예컨대 근대적 세계에 대한 지향과 현실 부정의 의식, 내면의 불안과 감상적 요소들이 함께 드러나고 있어, 그의 시 세계를 열어보는 가늠자가 된다.

서적은 황폐한 인간의 풍경에 광채를 띠었다/서적은 행복과 자유와 어떤 지혜를 인간에게 알려주었다/지금은 살륙의 시대/침해된 토지에서는 인간이 죽고 서적만이/한없는 역사를 이야기해 준다/ …… 내가 옛날 위대한 반항을 기도하였을 때/서적은 백주의 장미와 같은/창연하고도 아름다운 풍경을/마음속에 그려주었다.

1951년의 서적/나는 피로한 몸으로 백설을 밟고 가면서/이 암흑의 세대를 휩쓰는 또 하나의 전율이/어데 있는가를 탐지하였다 /…… 나는 눈을 감는다/평화롭던 날 나의 서재에 군집했던/ 서적의 이름을 외운다/한권 한권이 인간처럼 개성이 있었고/죽어간 병사처럼 나에게 눈물과/불멸의 정신을 알려준 무수한 서적의 이름을……/이들이 모이면 인간이 살던/원야原野와 산과 바다와 구름과 같은/인장印章의 풍경을 내 마음에 투영해 주는 것이다

— 「서적과 풍경」 부분

이기성은 이렇게 박인환의 「서적書籍과 풍경風景」에서 부분을 인용하

30) 이기성, 「모더니즘을 넘어서는 심연—박인환 김수영을 중심으로」, 이화여자대학교 이화어문논집 15권. 1997.

31) 양애경, 『한국 퇴폐적 낭만주의시 연구』, p.385 이하도 "서적 - 서구에의 동경"의 의미를 짚고 있다.

고서는 다음과 같은 자신의 비평을 붙인다. 좀 길지만 읽어볼 가치가 있다.

> 이 시에서 서적은 '행복과 자유와 지혜'라는 긍정적 가치를 구현하고 있는 근대성의 상징으로 읽힌다. 박인환은 전쟁으로 인한 폐허의 현실과 이에 대한 부정을 '서적'이 표상하는 세계에 대한 강한 긍정을 통해서 역설적으로 표출하고 있는 것이다. 시에서 현실/서적의 관계는 살륙의 시대/평화로운 날, 어둠(암흑/밝음(백설), 추함/미(美)로 변주되면서 대립성을 드러낸다. 그런데 이러한 대립적 사유는 근대적 세계의 이중성을 은폐하는 기능을 한다는데 문제가 있다. 진보와 발전이라는 긍정적 비전으로서의 근대와 그 이면에 숨겨진 폭력으로서의 근대에 대한 반성적 사유는, 근대의 부정성에 대한 비판을 창조의 활력으로 전화시켜 나가는 바탕이 된다. 그런데 박인환은 현실의 부정성을 극대화하면서 그 반작용으로 이상적 타자에 대한 지향만을 강하게 드러내고 내고 있다. 이 점은 박인환이 근대적 세계의 모순적 역동성을 소거하고 이상적 측면에만 주목하고 있음을 보여준다. 여기서 서적의 '광채'는 자아의 시선을 복속시킴으로써 현실의 부정성을 은폐하는 기능을 한다.
>
> 그것은 근대적 세계의 모순과 갈등에 대한 인식의 기능을 빼앗음으로써, 자아의 시선을 수동적인 상태에 머무르게 하는 타자의 권력화된 시선이다. 시적 자아는 서적의 광채에 강한 지향성을 드러냄으로써, 근대세계에 내포된 다양한 의미를 역동적으로 읽어낼 수 있는 시선을 상실하게 된다. 이렇게 이상화된 세계의 상징인 '서적'은 어떠한 시선의 접촉도 불가능한 지점에 놓이게 된다. 그것은 자아의 시선이 사라지는 소실점의 자리, 곧 신의 자리를 의미한다. 이렇게 되면, 시간의 집적물로서의 서적이 시간(역사)으로부터 이탈된 '불멸의 정신' 속으로 사라지게 된다. 따라서 자아는 절대타자인 서적으로부터 소외되며, 오직 '눈을 감는' 행위를 통해서 서적의 이념적 표상에 근접해 갈 수 있는 것이다. 이것은 시에서

'행복과 자유, 지혜'라는 좌편 이념들로 표상되는 타자의 지배적 시선에 자아의 시선이 종속되고 있음을 통해서 확인된다. 시에서 '눈을 감는' 행위는 보편적 가치의 실현이라는 이상에 스스로를 동일화(identification)하는 자아의 욕망을 보여주는 것이다.

여기서 박인환의 시적 자아는 '서적'으로 상징되는 이상적 대상에 스스로를 투사함으로써 세계의 지배원리인 긍정적 이념과 가치들에 대한 강한 동일화를 과정을 보여준다. 이러한 동일화의 과정에 내포된 허구성은 자아와 타자의 관계가 '환상'에 의해서 매개된다는 점에서 드러난다. 앞에서 말했듯이 '백서白書의 장미'와 같은 아름다운 풍경으로서의 근대, 행복과 자유의 보편원리를 구현하는 근대라는 **이상은 현실의 부정성과 함께 고려되지 않는다면**, 도달할 수 없는 주관적인 유토피아로만 존재하게 된다. **시에서 '서적'의 역사적 의미가 탈색되어 '원야原野와 산山과 바다'와 같은 원초적인 시공간에 기댄 유토피아적 이미지로 전이되는 것은 필연적이라 하겠다. 이러한 유토피아적 이념에 대한 강한 동일화의 의지는 '서적'의 의미를 '읽어내는' 능동적 독서의 행위가 좌절된 자리에서 '눈을 감는' 시선의 소멸로 귀결되는 것이다. '현실'로부터 내면으로 귀환하는 시선의 소멸은 박인환의 시적 인식을 지배하는 중요한 요소로 작용한다.**[32]

이기성이 어떻게 이렇게 논술할 수 있는지, 구체적으로 시어들과 시의 맥락을 해석해 보여주지 않고 있기 때문에, 이해하기 어렵다.

시 「서적과 풍경」 전문을 재독하자.

32) 이기성, 「모더니즘을 넘어서는 심연—박인환 김수영을 중심으로」, p.4. 강조는 인용자. 이기성은 오류가 있는 판본을 읽었다.

서적書籍과 풍경風景

서적書籍은 황폐荒弊한 인간人間의 풍경風景에 광채廣栄를 띄웠다.
서적書籍은 행복幸福한 자유自由와 어떤 지혜智慧를
인간人間에게 알려 주었다.

지금은 살육殺戮의 시대時代
침해侵害된 토지土地에서는 인간人間이 죽고
서적書籍만이
한限 없는 역사歷史를 이야기 해준다.

오래도록 사회社會가 성장成長하는 동안
활자活字는 기술技術과 행렬行列의 혼란混亂을 이루었다.
바람에 퍼덕이는 여러 페이지 들
그 사이에는
자유自由 불란서佛蘭西 공화국共和國의 수립樹立
영국英國의 산업혁명産業革命
F. 루즈벨트 씨氏의 미소微笑와 아울러
〈뉴기니아〉와 〈오키나와〉를 거쳐
전함戰艦 미주리호號에 이르는 인류人類의 과정過程이
모두 가혹苛酷한 회상回想을 동반同伴하며 나타나는 것이다.

내가 옛날 위대偉大한 반항反抗을 기도企圖하였을 때
서적書籍은 백주白晝의 장미와 같은
창연蒼然하고도 아름다운 풍경風景을
마음속에 그려 주었다.
소련蘇聯에서 돌아온 앙드레 지드 씨氏

그는 진리眞理와 존엄尊嚴에 빛나는 얼굴로
자유自由는 인간人間의 풍경風景 속에서
가장 중요重要한 요소要素이며
우리는 영원永遠한 〈풍경風景〉을 위해
자유自由를 옹호擁護하자고 말하고
한국韓國에서의 전쟁戰爭이 치열熾烈의 고조高潮에
달達하였을 적에
모멸侮蔑과 연옥煉獄의 풍경風景을
응시凝視하며 떠났다.

1951년一九五一年의 서적書籍
나는 피로疲勞한 몸으로 백설白雪을 밟고 가면서
이 암흑暗黑의 세대世代를 휩쓰는
또 하나의 전율戰慄이
어데 있는가를 탐지探知하였다.
오래도록 인간人間의 힘으로 인간人間인 때문에
위기危機에 봉착逢着된 인간人間의 최후最後를
공산주의共産主義의 심연深淵에서 구출救出코자
현대現代의 이방인異邦人 자유自由의 용사勇士는
세계世界의 한촌寒村 한국韓國에서 죽는다.
스코틀랜드에서 애인愛人과 작별作別한 R. 지미 군君
잔다르크의 전기傳記를 쓴 페르디난드 씨氏
태평양太平洋의 밀림密林과 여러 호소湖沼의 질병疾病과 싸우고
〈바타안〉과 〈코레히도르〉의 준열峻烈의 신화神話를
자랑하던 톰 미첨 군君
이들은 한 사람이 아니다. 신神의 제단祭壇에서
인류人類만의 과감果敢한 행동行動과 분노憤怒로

사랑도 기도祈禱도 없이
무명고지無名高地 또는 무명계곡武名溪谷에서 죽었다.

나는 눈을 감는다.
평화平和롭던 날 나의 서재書齋에 군집群集했던
서적書籍의 이름을 에운다.
한권卷 한권卷이
인간人間처럼 개성個性이 있었고
죽어간 병사兵士처럼 나에게 눈물과
불멸不滅의 정신精神을 알려준 무수無數한 서적書籍의 이름을……
이들은 모이면 인간人間이 살던
원야原野와 산山과 바다와 구름과 같은
인상印象의 풍경風景을 내 마음에 투영投影해주는 것이다.

지금 싸움은 지속持續된다.
서적書籍은 불타오른다.
그러나 서적書籍과 인상印象의 풍경風景이여
너의 구원久遠한 이야기와 표정表情은 너만의 것이 아니다.
F. 루즈벨트 씨氏가 죽고
더글러스 맥아더가 육지陸地에 오를 때
정의正義의 불을 토吐하던
여러 함정艦艇과 기총機銃과 태평양太平洋의 파도波濤는 잔잔하였다.
이러한 시간時間과 역사歷史는
또 다시 자유自由 인간人間이 참으로 보장保障될 때
반복反覆될 것이다.
비참悲慘한 인류人類의
새로운 미주리호號에의 과정過程이여

나의 서적書籍과 풍경風景은

내 생명生命을 건 싸움 속에 있다.[33]

총 7연으로 구성되어 있다. 제6연에서 시인은 "이들이 모이면 인간이 살던/원야原野와 산과 바다와 구름과 같은 인상의 풍경을 내 마음에 투영해 주는 것이다"고 말하고 있다. 즉 "인간이 살던"이라는 표현 속에서 역사적 의미를 부여하고 있다. 그것은 원초적인 시공간에 기대지 않는다는 말이다. 시인은 눈을 감고, 수동적으로 가만있는 것이 아니라 서적의 이름을 에우는 능동적 독서행위를 한다. 이기성은 시의 문맥을 완전히 오독하고 있는 것이다. '서적'의 의미를 읽어내는 능동적 독서의 행위가 좌절된 자리에서 '눈을 감는' 시선의 소멸로 귀결되는 것이 아니라 "눈을 감고" "서적의 이름을 에우는" 능동적 독서행위로 나아가는 것이다. 그것은 결코 시선의 소멸이 아닐 것이다. 시인이 서적의 이름을 에우는 까닭은 전장에서 죽어간 병사를 잊지 않고 기억하기 위해서다. 그것은 기억의 본래적 작용이다. 죽어간 병사를 기억하려는 시인의 시선은 지금 예리하게 빛나고 있다. 죽어간 병사들과 평화롭던 날 나의 서재에 군집했던 서적들은 이러한 기억의 시선에서 다르지 않다. 이름 없이 무명으로 전장에서 죽어가는 병사들을 잊지 않으려는 시인의 휴머니즘적 지성적 책임이 살아 있음을 알 수 있다. 이 시에서 죽은 병사가 서적이다. 그렇지만 서적 일반을 시인에게 기억의 의미로 나타나는 것은 아니다. 병사 하나 하나가 개성이 있지만 고립되어 있으면 병사로서의 힘을 상실할 위험이 크다. 제6연 제8행에서 "이들은 모이면"이라고 표현한 것은 책들 사이, 책과 책의 대화를 함의하는 것이다.

더구나 그 대화는 역사적 대화이다. 제2연은 이를 표현한다. 이 제2연에서 시인은 "지금은 살육의 시대"라고 규정하고 있고, 서적은 인간

---

33) 이 책, p.196.

의 대화를 대신하여 나에게 말을 하고 있다고 말한다. 인간의 죽음을 그는 선언한다.

제3연에서 시인 박인환은 자신의 매우 역사적이고 사회적인 인식을 시적으로 보여주고 있다. 제3연 제3행은 이미지적으로 국기들을 표현하는 것으로 읽힌다. 전쟁을 노래하는 시로서 이 시는 전함 미주리호에 초점을 맞추고 있는 것인데, 그것은 역사를 읽는 시인의 인식이 무엇인지를 가늠할 수 있게 한다. 미국은 뉴기니아와 오키나와를 프랑스의 정치적 혁명과 영국의 산업혁명을 배워 지배하고 지금 전함 미주리호가 한반도를 겨냥하고 있는 것을 이 행은 말하고 있다. 그것은 "가혹한 회상을 동반同伴하는" 것임은 물론이다.

제4연에서 박인환은 서적을 쓰는 작가 앙드레 지드를 비판한다. 이는 박인환이 서적 일반을 주장하는 것이 아니라 책과 책의 역사적이고 비판적 투쟁을 주장하는 것임을 잘 말해주고 있다. 이 시의 배경이 어디에 있는지도 명백하게 밝혀져 있다. 한국전쟁이다. 박인환은 이 연에서 영원한 풍경을 위해서 자유가 존재한다는 것을 선언하고 있는데, 이 점이 시를 구성하는 핵심의 하나이다. 풍경이란 이미지(그림)다. 제목 「서적과 풍경」은 글과 그림(이미지)을 표현하는 것이고, 풍경을 위하여 서적이 존재한다는 것을 말한다. 그 풍경은 시인의 주체적 관점과 상관없이 자연 그 자체로 존재하는 것이 아니다. 그것은 서적이 그리는 풍경이다.

1951년 박인환은 바로 그러한 서적을 쓴다고 고백하고 있다. 제5연 1행의 "1951년의 서적"은 그가 역사적 현실인 한국전쟁사를 외면하지 않고 직시하고 그려내려 한 시라는 것이다. "나는 피로한 몸으로 백설白雪을 밟고 가면서/이 암흑의 세대를 휩쓰는/또 하나의 전율이/어데 있는가를 탐지하였다."는 시어는 바로 이것을 표현한다.

박인환이 마지막 연인 제7연에서 끝맺는 시어는 그가 무엇을 말하려 하는지를 알 수 있는 핵심이다. 제7연 제12행에서 제15행까지의 표현은 그의 "서적과 풍경"이 완료된 것이 아니라 진행 중이라는, 구체적으로 말해서 "풍경"을 위한 시 쓰기를 앞으로도 계속할 것임을 선언하고 있다. 박인환의 시는 구체적 참여시였다. 그리고 그것은 좌우파 그 어느 파에 정치적으로 귀속되어서 정치적으로 선언되었던 목적시가 아니라 자유에 기초한 지성의 선언이었다. 미국에 대해서 시인은 무조건 긍정하는 입장을 취하고 있지 않다.[34)]

비참悲慘한 인류人類의
새로운 미주리호號에의 과정過程이여
나의 서적書籍과 풍경風景은
내 생명生命을 건 싸움 속에 있다.

박인환은 지금 현재를 시적 투쟁의 출발점으로 삼고 역사적 참여시

34) 김수영과 박인환을 비교하는 매우 일반화되어 있는 굳건한 편견의 하나는 박인환은 개인적 감상주의에 빠져 있고 김수영은 그렇지 않다는 것이다. 예컨대 다음과 같은 진술은 대표적이다. "50년대 모더니즘 시의 가능성은 전쟁의 경험을 통해서 근대의 폭발적인 힘을 경험함으로써, 근대의 부정성을 전면적으로 사유할 수 있게 되었다는 점에 있다. 이것은 50년대 모더니즘의 시인들이 자신의 육체로 경험한 실존의 위기의식을 근대의 '수심(水深)'의 상징적 지표로서 시적 대상으로 삼을 수 있었다는 점을 의미한다. 박인환과 김수영의 시에서 드러나는 주체의 두 가능성 곧 내면의 나르시시즘으로 소멸하는 자아와 근대라는 텍스트에 역동적으로 대응하는 주체의 모습은 곧바로 50년대 모더니즘의 가능성과 최대치를 보여준 것으로 이해될 수 있다. 박인환이 과거의 시간에 고착되어 죽음의 상태에 머물렀다면, 김수영은 근대라는 폐허의 시간 속에서 새로운 시간적 가능성을 발견했고 이러한 가능성의 주체로서 자아의 위치를 확보해 갔다. 김수영이 보여주는 반나르시스의 시선은 지성의 힘으로 사유하는 주체의 가능성을 우리 시사에 등장시킴으로써, 모더니즘 시의 세계인식을 심화시켰다고 볼 수 있다. 죽음으로 비유되는 근대의 포획력으로부터 벗어나, 근대와의 대결을 수행함으로써 자신의 가능성을 탐색하는 주체의 모습을 통해서 우리 모더니즘 시는 30년대 이후 지속적으로 그들을 괴롭혀온 타자와의 간극으로부터 자유로와질 수 있는 가능성을 열어 놓았다고 보는 것은 지나친 비약일까." 이기성, 1997, p.10.

를 써나갔다. 이 시어는 "예언자적 자세에서 이 시를 쓰고 있다는 말"[35]이 아니다.

이 점은 「세 사람의 가족」에서도 해당한다.

세 사람의 가족家族

나와 나의 청순淸純한 아내
여름날 순백純白한 결혼식結婚式이 끝나고
우리는 유행품流行品으로 화려華麗한
상가商街의 쇼윈도를 바라보며 걸었다

전쟁戰爭이 머물고
평온平穩한 지평地平에서
모두의 단편적斷片的인 기억記憶이
비둘기의 날개처럼 솟아나는 틈을 타서
우리는 내성內省과 회한悔恨에의 여행旅行을 떠났다.

평범平凡한 수확收穫의 가을
겨울은 백합百合처럼 향기香氣를 풍기고 온다.
죽은 사람들은 싸늘한 흙 속에 묻히고
우리의 가족家族은 세 사람.

토르소의 그늘 밑에서
나의 불운不運한 편력遍歷인 일기책日記册이 떨고
그 하나 하나의 지면紙面은
음울陰鬱한 회상回想의 지대地帶로 날아갔다.

---

35) 양애경, 『한국 퇴폐적 낭만주의시 연구』, p.392.

아 창백蒼白한 세상世上과 나의 생애生涯에
종말終末이 오기 전前에
나는 고독孤獨한 피로疲勞에서
빙화氷花처럼 잠들은 지나간 세월歲月을 위해
시詩를 써 본다.

그러나 창窓 밖
암담暗澹한 상가商街
고통苦痛과 구토嘔吐가 동결凍結된 밤의 쇼윈도
그 곁에는
절망絶望과 기아飢餓의 행렬行列이 밤을 새우고
내일來日이 온다면
이 정막靜寞의 거리에 폭풍暴風이 분다.[36)]

이 시를 읽고 이기성은 다음과 같이 해석한다.

이 시에서 쇼우윈도우에 담긴 상품이 뿜어내는 화려한 빛은 '기아와 구토'로 얼룩진 현실의 어둠과 대비를 이루고 있다. 자아의 시선은 '쇼우윈도우'와 '창'이라는 매개를 통해 빛과 어둠으로 단절된 현실의 이중성을 담아낸다. 그런데 자아와 세계 사이에 놓인 '유리창'은 바깥의 현실을 투시하게 하는 투명한 매개이면서 자아와 세계를 가르는 단절의 기능을 하고 있다. 창밖의 현실로 향하던 자아의 시선은 이 유리창의 표면에 반사되어 자신의 내부로 되돌아온다. 외부와 내부의 단절은 엄격하고 냉정하며, 자아는 이 외부의 어둠에 대하여 무력하다. 이렇게 '상가'(거리)로부터 '방'(내부)으로 귀환하는 시선 속에서, 절망과 기아, 고통과 구토라는

36) 이 책, p.167.

근대적 세계의 어둠은 소거되고 대신 자아의 실존적 위기의식이 전면화 된다. 즉 창밖의 어둠은 '토르소의 그늘'이 암시하는 바, 자아 내면의 어둠으로 전이되는 것이다. 이때 '동결', '창백한 세상과 생애' 등의 시어가 보여주는 비유동적인 특성은 죽음의 상태를 암시함으로써 이러한 내면화의 귀결이 자아의 소멸 곧 죽음의 상태로 귀결됨을 드러낸다. 시에서 과거의 시간이 응축된 '일기책'은 현재의 시간에 대응하지 못하는 자아의 내면을 보여준다. 그것은 자아의 불안한 시선을 흡수하고 시적 자아의 반성적 의식을 거세하는 블랙홀인 것이다. 서적이 근대적 세계에 대한 탐색과 반성적 의식의 가능성을 전제로 한다면, '일기책'은 세계와 단절된 자아의 고립된 내면을 상징한다. 그것은 이상적 타자로서의 서적에 대한 허구적이고 환상적인 동일화가 붕괴되는 순간에 펼쳐지는 내면의 풍경을 드러내준다.[37)]

총 6연으로 구성된 이 시는 사계의 흐름을 배경으로 한다. 제1연은 여름이고, 제3연은 가을이며, 제5연과 제6연은 겨울이다. 그러니까 봄이 오기 전, 겨울이 깊어갈 때가 이 시의 시점이다. 그러나 이 계절들은 사실상의 계절이 아니라 시적인 계절의 변화이다.

이동하의 『박인환』에서 "대표시 감상"뿐만 아니라 김영철의 『박인환』에서 "대표시 감상"에도 들어 있는 시이다. 김영철은 이기성과는 달리 박인환 개인의 삶을 리얼하게 그린 것으로 감상문을 썼다.[38)]

---

37) 이기성, 「모더니즘을 넘어서는 심연—박인환 김수영을 중심으로」, p.4.

38) 이동하는 대표시 감상에 박인환의 대표시의 하나로 이 시를 선별했지만 그의 비평은 매우 부정적이다. "상황의 압력에 대한 적극적인 도전이나 저항의 자세는 찾기 어렵다" 이동하, p.213; "마지막 연은 전적으로 소시민적인 안정에의 꿈을 위협하는 시대의 고통을 그리는 데 바쳐지고 있다. 그러나 그 묘사는 구체성을 띠지 못하고 막연한 분위기를 제시하는 것으로 그치고 있기 때문에 별반 절실한 감동을 주지는 못한다." 이동하, p.214. 이동하의 이같은 비평이 사실은 구체적이지 않고 자신의 주관적 인상을 깊은 성찰없이 뱉어내고 있다.

> 박인환은 1948년 결혼했고 그해 12월에 장남 세형을 얻었다. 시 제목처럼 세 사람의 단란한 가정을 꾸렸던 것이다. 그러나 전쟁이 일어나고 모든 것이 혼란 속에 빠져들었다. 이 시는 평화로운 한 가정을 파괴하는 전쟁의 그림자를 추적하고 있다.
>
> 시 전반부에서는 청순한 아내와의 순백한 결혼식을 마친 후, 비둘기처럼 평온한 삶을 영위해 가는 정겨운 풍경이 그려진다. 그러나 그것도 잠깐 그 비둘기의 날개 틈으로 전쟁이 찾아들고 '내성'과 '회환'의 여행을 떠나야 하는 절망적 상황이 전개된다. 한 가정의 화목한 풍경과 암담하고 살벌한 전쟁 상황을 병치시켜 1950년대의 시대상을 조명하고 있다. 전쟁 속에서 살아남은 세 사람, 그나마 행운이지만 그들이 써 가는 생활의 일기책에는 늘 불안의 그림자가 깃들여 있다. 하루하루의 삶이 고통의 연속인 것이다.
>
> 6 · 25 당시 영어의 몸이 되어 공포와 불안에 떨어야 했던 박인환의 생활 체험이 그대로 녹아 있다. 목숨은 붙어 있을지언정 늘 공포감에 떨어야 했고, 그 절망감을 잊기 위해 시를 썼던 것이다. 그래도 그것은 잠시의 위로가 될 뿐 절망적 상황은 불변이었다. 죽은 사람들, 토르소의 그늘, 고독한 피로, 암담한 상가, 기아의 행렬, 고통과 구토의 밤 등이 이러한 절망적 상황을 암시하고 있다.[39]

"세 사람의 가족"이라는 시어에 먼저 주목해야 한다. "나와 나의 청순한 아내", 그렇다면 나머지 한명은 누구인가?

김영철은 박인환의 시에는 모더니즘뿐만 아니라 리얼리즘의 요소도 있다고 해석하고 있는데, 이 시를 "한 가정의 화목한 풍경과 암담하고 살벌한 전쟁 상황을 병치시켜 1950년대의 시대상을 조명하고 있는" 것으로 해석했다. 김영철이 박인환의 개인 가족사에 주목하는 것은 바로 이 때문이다. 박인환은 1948년(23세) 입춘 무렵 '마리서사'를 폐업하고,

39) 김영철, 『박인환』, pp.175-176.

봄에 한 살 아래인 이정숙과 덕수궁에서 결혼식을 올리고 종로구 세종로 135번지(현, 교보빌딩 뒤)에 신혼살림을 차리고, 자유신문사에 입사하여 문화부 기자가 되고, 이해 12월 8일, 장남 세형이 출생한다.[40] 그리고 1950년(25세) 피난가지 못하고 9월 28일 수복 때까지 서울에서 지하생활을 하는데 9월 25일 세화가 출생한다. 박인환이 1950년대를 사실주의에 근거하여 그리고 있다면, 이 시가 1955년 『선시집』에 발표되었다는 점에서 적어도 네 사람의 가족이어야만 한다. 9월 25일 딸 세화가 출생하므로 1950년 초부터 아내 이정숙은 임신하여 아기를 뱃속에 가지고 있지 않은가. 물론 뱃속에 있는 세화를 가족으로 인정하지 않았을 것이라 추론할 가능성을 배재할 수는 없지만, 박인환이 이 시에서 표현하려는 내용은 이러한 자신의 개인적 가족사가 아니다. 그러므로 나와 나의 청순한 아내 이외의 나머지 한명은 누구인지, 시적 세계에서, 물어야 한다. 제4연에서 제5연으로 이어지는 가운데 나타나는 시가 그의 가족이라 나는 해석한다. 그 시는 "나의 불운한 편력인 일기책"을 다시 읽으면서 쓴 시이다. 그런데 제5연에서 시를 쓴다고 표현하지 않고 "시를 써본다"고 말했을까? 이것이 이 시의 중심이다. 지금까지와는 또 다른 역사적 현실이 이미 전개되고 있었기 때문에 지난날의 불운한 역사적 기록인 일기책만으로는 시를 쓸 수 없었기 때문이었다.

러나 창窓 밖
암담暗澹한 상가商街
고통苦痛과 구토嘔吐가 동결凍結된 밤의 쇼윈도
그 곁에는
절망絕望과 기아飢餓의 행렬行列이 밤을 새우고
내일來日이 온다면

40) 김영철, 『박인환』, p.214.

이 정막靜寞의 거리에 폭풍暴風이 분다.

시인은 미래의 역사를 쓴다고 말하고 싶어한다. 그는 결코 텍스트 내에서 시를 쓰는 가벼운 약한 모더니스트가 아니었다.

이기성은 박인환의 시를 일종의 탈현대적 해체주의 경향의 시로 읽으려 하는 것 같다 - 그렇게 읽고, 그것을 비판하려 하는 것 같다. 이기성은 서적과 일기책의 차이를 나름으로 주목하려 한다.

전후의 폐허의 현실에 대응하는 박인환의 시 세계는 이렇게 이상화된 근대의 세계로부터 소외된 자아의 위기 의식과 죽음의 충동이 전면화되는 지점에서 펼쳐지고 있다. **그런데 이상적 타자로서의 서적이 일기책이라는 내면의 영역으로 전화되는 지점에서 박인환의 시쓰기는 미묘하게** 전도된다. 이러한 시적 자의식의 균열과 변이의 양상은 전후 시인들이 경험하는 파괴된 시간의식과 긴밀하게 연관되어 있다.[41]

이기성은 일기책의 세계가 지배하는, 이해될 수 있다고 그가 믿고 있는 박인환의 시어들을 추적한다.

박인환은 해방기의 시 「열차」에서 근대적 세계의 질주하는 속도에 대한 강한 신뢰와 동일화의 의지를 보여준다. 낙관적인 의식으로 채워진 해방기의 진보적인 시간은 전쟁이라는 근대의 파괴력을 경험하면서 분열되기 시작한다. 시 「낙하」에서 근대의 속도를 상징하는 미끄럼판 위에서 이어지던 질주는 현실로의 불안한 낙하로 귀결됨으로써 시간적 연속성의 붕괴와 파탄을 암시한다.

이러한 세계상실의 체험은 '전신처럼 가벼웁고 재빠른 불안한 속력은

41) 이기성, 「모더니즘을 넘어서는 심연―박인환 김수영을 중심으로」, p.4. 강조는 인용자.

어디에서 오나'(「기적인 현대」)에서처럼 근대의 직선적 시간 속에 숨겨진 폭력성에 대한 인식으로 이어지고 있다. 이때 미래의 이상적 세계를 향해 질주하던 '열차'에 동일화된 자아의 시선은, '승객이 사라진' 전후의 정지된 열차의 세계에서 변화를 겪게 된다.「미래의 창부」등의 시에서 박인환은 현재만이 아니라 미래 역시 오염되고 훼손된 시간이라는 절망적 인식을 전면화 하고 있다. 이상화된 낙원의 시간의 붕괴와 미래마저 잠식하고 있는 도저한 절망감이 자아의 시선을 내면으로 급속하게 선회하도록 만드는 요인이다.[42)]

그리하여 이기성은 내성과 회상, 기억 등의 시어가 "일기책"의 표현으로 이해하려 한다. 박인환은 일기책을 시로 단순하게 번역하고 있지 않는다는 것을 명백하게 말하고 있지만 이기성은 그것을 주목하지 않고 시를 단편화하여 단편적 시어에 얽매여 비평을 이어간다.

박인환의 시에서 불구적 시간으로부터 도피하려는 의지는 '내성과 회상'이라는 의식의 작용을 통해서 구체화 되고 있다. '모든 단편적인 기억이/비둘기의 날개처럼/솟아나는 틈을 타서/우리는 내성과 회한의 여행을 떠났다'(「세 사람의 가족」)에서 자아는 기억을 통해서 과거와의 연관성을 회복하고자 한다.

그러나 '단편적인 기억'이 보여주는 파편화된 의식은 자아의 내적 동일성을 보장해 주지 못한다. 이렇게 회상과 기억은 세계의 불모성에 대응하는 역동성을 상실하고 있다. 그것은 정지되고 붕괴된 시간이 가져오는 불안과 환멸의 수동성에 자아를 묶어 놓는 부정적 힘이 된다. '나는 차디찬 벽에 붙어 회상에 잠긴다'(「잠을 이루지 못하는 밤」)에서 눈을 감는 행위는 '벽'으로 드러나는 밀폐된 시공간에 놓인 자아의 내적 폐쇄성을 환기시키고 있을 뿐이다. **특히 여기서 주목할 것은 '회상'을 통해 자아의**

42) 이기성,「모더니즘을 넘어서는 심연—박인환 김수영을 중심으로」, p.5.

의식이 과거의 한 지점에 고착되고 있다는 점이다. 눈을 감는 행위를 통해서 자아가 도달하는 지점은 '청춘'의 시간이다. 「풍경과 서적」에서 파탄된 현실의 대립항으로 존재하던 '서적'의 의미는 이 시에서 한층 탈색되어 '청춘'이라는 내면의 영역으로 축소되고 있다. 여기서 '청춘'은 생의 활력과 가능성을 통해 자아의 의식을 고양시키는 힘을 지닌 것이 아니라, '소멸된 청춘의 반역을 회상하면서'에서처럼 현재의 불안과 혼돈으로부터 도피하려는 자아의 의지가 만들어낸 가상으로 존재한다. 이렇게 현실적인 의미를 얻지 못한 채 과거에 고립된 '청춘'의 시간은 어떠한 의미 생산에도 기여하지 못하는 텅 빈 기호가 되는 것이다.[43)]

이기성은 박인환을 심대하게 오독하고 있다. 박인환은 「서적과 풍경」에서도 과거의 청춘에 머물러서는 안 된다는 것을 핵심주제로 삼고 있다. 마지막 연의 마지막 시어가 그것을 웅변한다. 시를 더 면밀하게 읽어야 한다. 박인환이 「살아 있는 것이 있다면」에서 T. S. 엘리어트의 말을 인용하는 것은 바로 이러한 시정신을 표현하려는 의도가 있었던 것이다.

현재現在의 시간時間과 과거過去의 시간時間은
거의 모두가 미래未來의 시간時間 속에 나타난다.

- T. S. 엘리어트 -

이기성은 이제 박인환을 부정하고 김수영을 긍정하는 논거를 명백하게 밝힌다.

근대적 세계의 왜곡된 속도에 대한 성찰을 통해 창조적이고 주관적인

---

43) 이기성, 「모더니즘을 넘어서는 심연—박인환 김수영을 중심으로」, p.5. 강조는 인용자.

시간을 구성해 내는 작업을 통해서 자아는 주체로서의 창조적이고 생산적 가능성을 열어갈 수 있다. 그런데 박인환은 '청춘'이라는 유토피아적 시간을 상정하고, 이러한 가상에 스스로를 동일시함으로써 상상적 관계만을 지속해 가고자 한다. 박인환의 경우 김수영 식의 '활력과 소음'이 부재하는 대신 자아의 독백적 진술이 시의 전반을 차지하는 것은, 자기 내면에서 구성된 유토피아적 가상에 대한 상상적이고 허구적인 동일화의 관계에 스스로 고착되어 가는 자아의 존재양상을 보여준다. 이러한 문제는 박인환이 보여주는 시쓰기에 대한 자의식을 통해서 보다 구체적으로 밝혀질 수 있다. 박인환의 시쓰기에 대한 자의식을 살펴보기 위해서 앞에서 살펴본 「서적과 풍경」으로 되돌아가야 한다. 「서적과 풍경」에서 자아가 받고 있는 '백설'은 의미가 가시화되지 않은 '백지(白紙)'의 상태를 환기하고 있다. 이 백지에 의미를 채우는 행위는 시쓰기의 상징으로 이해된다. 이때 시쓰기의 작업은 세계의 은폐된 본질을 탐색하는 적극적인 의식을 통해서 현실화될 수 있다. 그런 점에서 '백지'는 근대의 폭력성에 좌절을 겪으면서 새로운 의미를 탐색해야 했던 50년대 모더니즘의 출발점, 그 의식의 진공 상태를 상징하는 것으로 볼 수 있다. 근대적 세계의 텍스트를 탐색하는 작업은 시적 자아와 현실과의 긴장된 의식의 '싸움'을 통해서 유지된다. '싸움'으로서의 시쓰기는 세계에 대한 성찰적 탐색 작업과 동일한 의미를 지닌다. 그것은 서적과 현실 사이를 매개하기 위한 '피로한 몸'을 견디는 일이며, 피로를 창조적 활력으로 전화시키는 작업이다. 그런데 앞에서 살펴보았듯이, **서적이 허구화된 이상으로 고착화됨으로써 박인환의 시쓰기는 이러한 의식의 긴장과 탄력을 상실하게 된다**.[44)]

이 해석은 박인환을 오독하는 또 하나의 새로운 범례로 간주될 수도 있을 것 같다. 박인환은 현실과 체험을 배제한 허구화된 이상을 고착화시키지 않는다. 그의 시에 흐르는 것은 역사적 현실과 체험을 단순

44) 이기성, 1997, p.5. 강조는 인용자.

한 리얼리즘으로 형상화하지 않고 내재적 비판을 담지하는 시적 표현을 구성하는 것이다. 예컨대 「서적과 풍경」에서 “백설”(제5연 2행)은 “의미가 가시화되지 않은 ‘백지(白紙)’의 상태를 환기하고 있는” 것이 아니라, 냉혹한 역사적 현실을 은유한다. 그러므로 시인은 이제 “이 백지에 의미를 채우는 행위는 시쓰기의 상징으로 이해”되는 것이 아니라 역사적 현실과 체험을 어떻게 시적 언어로 압축해 낼 것인가 하는 과제 앞에 서게 된다.

1951년一九五一年의 서적書籍
나는 피로疲勞한 몸으로 백설白雪을 밟고 가면서
이 암흑暗黑의 세대世代를 휩쓰는
또 하나의 전율戰慄이
어데 있는가를 탐지探知하였다.[45)]

나는 비록 피로한 몸이라 할지라도 “백설을 밟고 가면서” 전쟁의 시대를 살아가는 세대를 지배하는 끔직한 진원지를 시적으로 표현하려는 능동적이고 주권적인 실천을 행하고 있는 것이다.

IV. 현실의 폐허와 비판적 언어

박인환이 인천을 노래한 시가 있다. 「인천항」[46)]이다. 총 9연으로 구성되어 있다.

---

45) 「서적과 풍경」 제5연 중에서.

46) 1949년 4월 『새로운 도시와 시민들의 합창』에 실었다.

인천항仁川港

사진잡지寫眞雜誌에서 본 향항香港 야경夜景을 기억記憶하고 있다.
그리고 중일전쟁中日戰爭 때
상해부두上海埠頭를 슬퍼했다.

서울에서 30킬로를 떨어진 곳에
모든 해안선海岸線과 공통共通되어 있는
인천항仁川港이 있다.

가난한 조선朝鮮의 프로필을
여실如實히 말하던 인천항구仁川港口에는
상관商館도 없고
영사관領事館도 없다.

따뜻한 황해黃海의 바람이
생활生活의 도움이 되고자
냅킨 같은 만내灣內에 뛰어들었다.

해외海外에서 동포同胞들이 고국故國을 찾아들 때
그들이 처음 상륙上陸한 곳이
인천항仁川港이다.

그러나 날이 갈수록
은주銀酒와 아편阿片과 호콩이 밀선密船에 실려오고
태평양太平洋을 건너 무역풍貿易風을 탄 칠면조七面鳥가
인천항仁川港으로 나침羅針을 돌린다

서울에서 모여든 모리배謀利輩는
중국에서 온 헐벗은 동포同胞의 보따리같이
화폐貨幣의 큰 뭉치를 등지고
황혼黃昏 부두埠頭를 방황彷徨했다.

밤이 가까울수록
성조기星條旗가 퍼덕이는 숙사宿舍와
주둔소駐屯所의 네온사인은 붉고
정크의 불빛은 푸르며
마치 유니언 잭이 날리는 식민지植民地 향항香港의 야경夜景을 닮아간다.

조선朝鮮의 해항海港 인천仁川의 부두埠頭가
중일전쟁中日戰爭 때 일본日本이 지배支配했던
상해上海의 밤을 소리 없이 닮아 간다.[47)]

이 시에서 시인은 향항 야경을 사진 잡지에서 보았던 기억을 떠올리고 있다. 물론 밤에 인천항을 보고 있다. 마지막 연에서 "조선의 해항海港 인천의 부두가/중일전쟁 때 일본이 지배했던/상해의 밤을 소리없이 닮아간다"고 끝맺고 있는데, 이는 제1연의 시어와 맞닿아 있다. 시인은 중일전쟁 때 일본의 지배를 받았던 그 상해부두를 슬퍼하듯이 지금 밤의 인천항에서 인천 부두를 슬퍼하는 것이다. 그런데 지금 "인천부두"를 지배하는 것은 중일전쟁 때 상해부두를 지배했던 그 일본이 아니라 미국이다. 제8연의 "성조기"는 미국을 은유하고 있다. 박인환은 이 시에서 미국이 한국을 지배하고 있는 것을 비판하되, 그 논리를 중일전

47) 이 책, p.156. 이 시는 『신조선』에 1947년 4월 처음 발표되었는데, 그 후 시집에 발표할 때 연 구분을 달리 했다.

쟁 시 중국의 상해를 지배했던 일본의 침략과 비유시키고 있는 것이다. 박인환은 이 시에서 통상적으로 한국문학비평계에서 널리 유포되어 있는 센티멘털리즘에 빠져 있지 않았다는 것을 분명하게 보여주고 있다.[48]

물론 인천은 여기에서 단순히 특정한 구체적 지역 인천을 말하는 것이 아니라 조선 전체를 은유한다. 제3연은 이를 말한다. 인천 항구는 조선의 프로필을 여실히 표현한다고 시인은 말하고 있다. 제3연에서 "가난"이라는 시어는 경제적인 빈곤만을 의미하는 것이 아니다. "상관商館도 없고/영사관領事館도 없다"는 표현에서 알 수 있듯이 경제와 정치 외교의 빈곤을 박인환은 슬퍼하고 있다. "인천", 곧 한국은 경제적으로도 정치적으로도 주권을 행사하고 있지 못하고 있음을 시인은 비판하고 있다. "인천"의 혼탁상은 제6연에서 그리고 제7연에서 표현된다. 제6연은 외국들의 수탈을 표현하고, 제7연은 그로 인한 한국인들 자체의 몰골을 나타낸다. "은주", "아편", "호콩"이 "상관"이 없는 "인천"으로 몰려들어 오고 있으며, 미국의 상품들이 공식적으로 몰려들어 오고 있다. 제7연은 그 혼란한 수탈의 현장에 끼어들고 있는 한국인들의 추악이 표현되어 있다.

제4연에서 인천의 자연적 조건을 시인은 예찬하고 있다. 그것이 아직 남아 있는 희망인가? 박인환은 이 시에서 슬퍼하는 차원을 넘어서고 있지 않다. 오직 슬퍼하는 것에서 이 시가 일단 매듭지어지고 있다. 다만, "따스한 황해의 바람"은 희망일 것이다. 하지만 그것은 현실적 희망이 아니라 환상적 희망이다. "냅킨 같은 만내에" 따스한 황해의 바람이 뛰어든 것이다. 냅킨이란 여기에서 크기가 작다는 것이 아니다. 그의 비관주의가 여전히 여기에도 살아 있다.

---

48) 박인환은 이런 「인천항」과 같은 작품을 더 산출하지 못했음이 박인환의 한계라고 지적하는 김영철, 『박인환』, p.117. 그러나 김영철은 이 시를 충분하게 읽고 있지 않다. 김영철, 『박인환』, pp.114-115를 보라.

「잠을 이루지 못하는 밤」에서 박인환이 얘기하려는 것은, 전쟁의 폐해를 비판하면서도 그만의 개성 있는 시를 쓰고자 하는 욕망이다.

잠을 이루지 못하는 밤

넓고 개체個體 많은 토지土地에서
나는 더욱 고독孤獨하였다.
힘없이 집에 돌아오면 세 사람의 가족家族이
나를 쳐다보았다. 그러나
나는 차디찬 벽壁에 붙어 회상回想에 잠긴다.

전쟁戰爭 때문에 나의 재산財産과 친우親友가 떠났다.
인간人間의 이지理知를 위한 서적書籍 그것은 잿더미가 되고
지난날의 영광榮光도 날아가 버렸다.
그렇게 다정多情했던 친우親友도 서로 갈라지고
간혹 이름을 불러도 울림조차 없다.
오늘도 비행기飛行機의 폭음爆音이 귀에 잠겨
잠이 오지 않는다.

잠을 이루지 못하는 밤을 위해 시詩를 읽으면
공백空白한 종이 위에
그의 부드럽고 원만하던 얼굴이 환상幻像처럼 어린다.
미래未來에의 기약期約도 없이 흩어진 친우親友는
공산주의자共産主義者에게 납치되었다.
그는 사자死者만이 갖는 속도速度로
고뇌苦惱의 세계世界에서 탈주脫走하였으리라.

정의正義의 전쟁戰爭은 나로 하여금 잠을 깨운다.
오래도록 나는 망각忘却의 피안彼岸에서 술을 마셨다.
하루 하루가 나에게 있어서는
비참悲慘한 축제祝祭이었다.

그러나 부단不斷한 자유自由의 이름으로서
우리의 뜰 앞에서 벌어진 싸움을 통찰洞察할 때
나는 내 출발出發이 늦은 것을 고告한다.

나의 재산財産……이것은 부스럭지
나의 생명生命……이것도 부스럭지
아 파멸破滅한다는 것이 얼마나 위대偉大한 일이냐.

마음은 옛과는 다르다. 그러나
내게 달린 가족家族을 위해 나는 참으로 비겁하다
그에게 나는 왜 머리를 숙이며 왜 떠드는 것일까.
나는 나의 말로末路를 바라본다.
그리하여 나는 혼자서 운다.

이 넓고 개체個體 많은 토지土地에서
나만이 지각遲刻이다.
언제 죽을지도 모르는 나는
생生에 한없는 애착愛着을 갖는다.[49]

잠이 오지 않는 까닭은 전쟁 때문이다. 그런데 어떠한 전쟁인가? 박인환은 여기에서 두 가지의 전쟁을 말한다. 하나는 한국전쟁과 같은 전

49) 이 책, p.252.

쟁이고, 다른 하나는 가혹한 경쟁이다. 제2연에서는 시인은 전쟁 때문에 잃어버린 것을 말하고 있다. (1) 나의 재산, (2) 나의 친우, (3) 인간의 이지를 위한 서적, (4) 지난날의 영광. 이 가운데 특별하게 설명해야 하는 것은 (3) 인간의 이지를 위한 서적에 대해서이다. 박인환은 서적 일반이 아니라 인간의 이지를 위한 서적이 잿더미로 변했음을 말하고 있다. 제3연에서 그는 시를 다시 말해서 서적을 읽고 있는 것이다. 아마도 "잠을 이루지 못하는 밤"에 박인환이 읽는 시는 특별한 시이다. 그것은 박인환과 일종의 전쟁을 치루고 있는 다른 시인 - 아마도 김수영 - 의 시이다. 박인환은 김수영의 시를 읽으면서 김수영의 모습을 회상한다(제3연). 박인환은 그를 회상하면서 김수영을 평가한다. "공산주의자에게 납치"되었지만 "탈주"하였던 그는 아마도 그 경험에서 자신만의 시세계를 구축했던 것으로 그는 판단한다. "그는 사자死者만이 갖는 속도로/고뇌의 세계에서 탈주하였으리라"는 표현은 그의 속도를 말하는 것이 아니라 동물의 세계에서 최고의 지위를 차지하는 사자에 비유하면서 독자적 세계에 도달해 있음을 말하는 것이리라. 박인환이 잠을 이루지 못하는 까닭은 전쟁 때문이다. 환상적, 가상적 전쟁 때문인 것이다. 이 "정의의 전쟁"이 박인환으로 하여금 잠을 이루지 못하게 하고 잠을 깨우는 것이다. 박인환은 나름으로 그를 경쟁의 상대로 인정하지 않으려 했던 것 같다. 그렇지만 무의식 차원에서는 그는 박인환이 경쟁하지 않으면 안 되는 상대방으로 성숙해 있었던 것을 인정하고 있었다. 박인환은 그것을 이제 명백하게 깨닫는다. "정의의 전쟁"을 그는 선포한다. 그는 자신의 앞에 피할 수 없이 다가와 있는 그를 향하여 선전포고를 한다. "나는 내 출발이 늦은 것을 고告한다"는 그 자신만의 고유한 시세계를 구축하려는 욕망을 분명하게 깨닫는 선언이다.

그렇지만 박인환은 이 정의의 전쟁이 쉽지 않은 전투임을 이미 알고 있었다. 마지막 두 연은 그것을 말한다. 마지막 두 연은 박인환이 이 정의의 전쟁에서 패배를 미리 인정하는 것이 아니라 전투의 험난함을 미리 알고 있음을 표현한다. 제7연에서 박인환은 전쟁에서 죽지 않고 살아남을 것임을 선언하는 것이다.

표피와 심층의 의미가 서로 만나면서 의미를 심화시키는 시적 표현이 살아있는 빼어난 시작품이다.

V. 허무주의를 넘어서는 전쟁문학

박인환은 한국전쟁이라는 역사적 현실을 시로 표현하고 있다. 역사적 현실을 시적으로 표현하고 있다는 점에서 「인천항」이라는 시의 세계와 일관성을 잃지 않고 있다. 하지만 이같은 박인환의 시세계가 정당하게 이해되고 있지 못하다.

김영철은 박인환의 한국전쟁 체험시를 크게 다음과 같이 두 가지로 유형화하고 있다.

> 하나는 6·25가 직접 작품의 소재가 되어 표면적으로 형상화된 것이고, 또 하나는 심리적으로 내면화되어 절망과 허무 등 실존적 포즈로 형상화된 것이다.[50)]

그런데 김영철은 곧이어 다음의 진술을 잇는다.

> 박인환 시에 있어서 6·25체험의 주제 유형은 크게 네 가지로 나눠진다. 전쟁의 참혹함에서 빚어지는 절망과 분노, 인간의 존엄성과 휴머니즘에 대한 절규, 전쟁 속의 피폐한 일상적인 삶, 전쟁에 대한 역사 인식 등이 그것이다.[51)]

---

50) 김영철, 『박인환』, p.118.

김영철은 (1) 전쟁의 참혹함에서 빚어지는 절망과 분노를 노래한 시의 예로 「검은 신神이여」을 든다. 먼저 이 시를 읽어보자.

검은 신神이여

저 묘지墓地에서 우는 사람은 누구입니까.

저 파괴破壞된 건물建物에서 나오는 사람은 누구입니까

검은 바다에서 연기처럼 꺼진 것은 무엇입니까

인간人間의 내부內部에서 사멸死滅된 것은 무엇입니까.

일 년一年이 끝나고 그 다음에 시작되는 것은 무엇입니까.

전쟁戰爭이 뺏아간 나의 친우親友는 어디서 만날 수 있습니까.

슬픔 대신에 나에게 죽음을 주시오.

인간人間을 대신하여 세상世上을 풍설風雪로 뒤덮어 주시오.

건물建物과 창백蒼白한 묘지墓地 있던 자리에

꽃이 피지 않도록.

---

51) 김영철, 『박인환』, p.118.

하루의 일 년一年의 전쟁戰爭의 처참悽慘한 추억追憶은
검은 신神이여
그것은 당신의 주제主題일 것입니다.[52)]

이 시는 "전반부와 후반부로 나눌" 수 있다기보다는 세 부분으로 구분될 수 있다. 제1부는 제1행에서 제6행까지 저항을 표현하는 의문형 시어가 숨을 쉬지 않고 이어지는 부분이다. 제1행에서는 익명의 사람이 묘지 앞에서 울고 있고, 제2행과 제3행에서는 땅과 바다에서 전쟁의 참혹한 실상이 표현되며, 제4행에서는 인간의 내부, 즉 정신과 마음, 심성이 황폐화되었음을 나타내며, 제5행에서는 새로운 한 해의 시작을 기대할 수 없을 만큼의 절망적 상태를 표현하며, 그리고 제6행에서는 구체적으로 나와 친밀한 사람들을, "친우親友"를 빼어간 전쟁을 비판하고 있는 것이다.

제2부는 제7행에서 제10행까지인데 저항의 표현은 더욱 고조된다. 차라리 살아 있는 나마저 죽게 하라고 "검은 신에게" 고함치고 있다. 슬픔이 아니라고 말하는 것이 아니다. 전쟁의 참혹상은 슬픔을 넘어서는 슬픔이라 시인은 말하려는 것이다. "슬픔 대신에 나에게 죽음을 주시오"라는 시어는 이를 말한다. 또한 "인간"에게 죽음을 달라고 고함친다. 제7행과 제8행은 연결되어 있는 행들이다. 시인은 "꽃이 피지 않도록" 자신에게, 인간에게, 죽음을 달라고 검은 신에게 고함치고 있다. 이 고함을 어떻게 이해할 것인가.

김영철은 이 시를 절망의 극치로 해석한다.

> 이미 폐허가 되고 사멸된 후에 그 원인을 캐어 본들 무슨 의미가 있겠는가. 무엇보다 중요한 것은 인간 내부의 사멸이다. 인간의 내부 즉 정신적인 것, 가치 지향적인 것, 궁극적으로 인간 존재의 원천이 사멸된 것이

---

52) 이 책, p.185

다. 그러므로 살아 있음은 전혀 의미가 없게 된다. 후반부의 시행들은 바로 이 존재의 무의미성을 드러낸다. 죽음은 바로 그 무의미성을 표상한다. 그래서 시인은 세상이 풍설로 뒤덮혀 다시는 이 땅에 꽃이 피지 않도록 죽음의 세계를 만들어 달라고 절규하고 있다. 슬픔의 의미조차 잃어버린 죽음, 다시는 생명이 소생할 수 없는 절대 죽음을 간주하고 있다. 이보다 더한 절망의 극치는 없을 것이다.[53)]

김영철은 박인환의 시를 잘못 읽고 있다.

시를 면밀히 읽어보자. 이 시의 중심은 바로 꽃이라는 시어이다. 시인은 무너진 건물과 주검들의 묘지의 자리에 생명이 자라나고 마침내 꽃이 피리라는 것을 이미 잘 알고 있다. 그러나 그렇게 자란 꽃들이 나를 포함한 인간들이 보지 않으면 그것은 무의미하고 꽃이 피지 않은 것과 다를 바 없다는 것을 말하는 동시에 시인이 말하는 주장은 묘지 위에 피어날 꽃이다. 그리하여 시인은 검은 신에 대하여, 전쟁의 신에 대하여, 저항의 시를, 반전의 시어를 던지는 것이다. 제11행에서 제13행은 제3부를 이루는 것으로서 시인의 "주제"가 검은 신의 주제와 완전히 다르다는 것, 정반대의 것임을 선언하고 있다. 시인은 검을 신을 비판한다.

그런데 박인환이 한국전쟁에 대해 노래하면서 왜 신을 말하는가. 냉전 시대의 이데올로기들의 전쟁을 신들의 전쟁으로 이해했던 것이다. 이데올로기는 본질적으로 종교적인 것이다. 세계의 시원으로서 종교적인 것을 말하는 것인 모더니즘에서 평범한 것이다.

박인환의 「어린 딸에게」[54)], 이 시는 박인환의 생애사의 한 자락을 시화하고 있다. 물론 이 시를 박인환의 개인적 삶을 그대로 반영한 것

---

53) 김영철, 『박인환』, p.120. 인용한 글 다음도 계속 이어 읽어보라.

54) 이 책, p.248.

으로 읽어서는 안 된다. 이 시는 박인환을 염세주의자로 간주하는 텍스트의 하나였다. 피상적으로 읽는다면 그렇게 읽힐 수 있겠지만, 박인환은 전쟁에 대해 쓴 시로서 단순하게 절망하고만 있지 않다는 것을 시적으로 보여준다. 미래의 인간 어린 딸은 이 시 전체에서 어디에서도 죽지 않는다는 것을 알 수 있다. 제2연에서 숫자 3과 일곱이라는 행운의 의미를 담고 있다. 그것은 박인환이 사실적으로 "3개월간에 일곱 번이나 이사를 했다"는 점을 기록하려는 것이라기보다는 오히려 어린 딸의 행운을 의미화하고 있는 것이다. 이 시 제7연에서 "전쟁이 끝나면 너는 더욱 자라"날 것을 말하고 있다. 아마도 어린 딸이 자신의 역사를 망각할지도 모르겠다는 것을 시인은 염려하고 있는 것이다. 이 어린 딸을 위하여 염려스러운 것은 어린 딸에게 역사의 기억을 전달해 줄 사람들의 부재이다. 전쟁이 끝나고 "우리들이 서울에 남은 집에 돌아갈 적에 너는 네가 어데서 태어났는지도 모를 수 있는" 어린 딸이 염려스러운 것이다. 여기에서도 박인환은 희망을 열어놓고 있다. 서울은 "기총과 포성의 요란함을 받아가면서" "피의 비와 눈바람이 섞여 추위가 닥쳐오던" 곳이었지만 아직 "남은 집"이 있는 것이다. 전쟁은 서울의 모든 것을 파괴하지는 못한다고 시인은 선언하고 있다.

박인환은 절망의 시인이 아니라 폐허 속에서도 희망의 가능성을 열어놓고 있는 낙관의 시인이었다. 그런 한에서, 박인환은 전쟁사의 참혹한 기억을 전달해야 하는 역사적 책임을 촉구하는 것이다. 박인환은 철저한 역사적 사유의 시인이었다. 마지막 연, 제8연에서 박인환은 "나의 어린 딸이여/너의 고향과 너의 나라가 어데 있느냐/그때까지 너에게 알려 줄 사람이/살아 있을 것인가."라고 말하면서 얘기하고자 하는 것은 어린 딸에게 역사를 전하기 위해 살아남아 있어야 한다는 요청이다. 이 전쟁은 어떠한 전쟁인가? 박인환은 이 시에서도 "신들의 전쟁"으로, 다시 말해서 이데올로기의 전쟁으로, 파악한다. 이 점은 무엇보다 제5연에 잘 표현되어 있다. 즉물적으로 읽으면 이 시는 어린 딸이 하늘 높이 떠 날아가는 폭격기를 표현한 것이겠지만 이 시의 의미론은 깊다. 제5연에서 핵심어는 "그림자가 없다"는 표현이다. 물리적 세계는 그림자가 있으며 이념과 이데올로기의 세계는 그림자가 없다. 그림자가 없다는 것은 폭격기가 실제로 그림자가 없다는 것을 말하려는 것이 아니라 전쟁의 성격이 이데올로기적이라는 사실을 전하려는 표현이다. 어린 딸의 눈은 하늘을 반영하는 호수인데, 바로 그 호수에, 하늘에 "지금 멀리 적을 격멸하러 바늘처럼 가느다란/기계는 간다." 박인환은 이 시에서 단순하게 "남(南)"의 승리를 예찬하는 전쟁문학의 프로파간다 문학을 지향하고 있지 않다.

박인환에게서 한국전쟁은 신들의 전쟁이었다. 그렇지만 그것은 신이라는 이름의 전쟁, 즉 이데올로기 전쟁이지, 실재하는 신들의 전쟁은 아니었다. 이 시는 신이라는 이름의 전쟁, 이데올로기 전쟁이 궁극적으로 어떠한 결과를 낳는지를 전망하고 고발하고 있다. 박인환의 「검은 강(江)」[55], 제1연에서 의문을 던지고 있고, 마지막 연에서 답한다. 시인은 "정막보다도 더욱 처량한" "저 달 속에/암담한 검은 강이 흐르는 것을 보았"을 뿐이었다. 이데올로기의 최종의 노정은 암담한 "검은 강"의 흐름이라 한다. 물론 여기에서 검다는 것은 죽음을 은유한다. 「성채(城砦)」, 이 시는 전쟁과 관련하여 두 종류의 사람을 분류한다. 그 하나는 죽으러 가는 방향의 열차를 타고 있는 농부의 아들 유형이며, 다른 하나는 죽으러 가는 자와는 반대 방향의 열차에 앉아 정욕처럼 피폐한 소설에 눈을 흘기는 자의 유형이다. 박인환은 자신을 후자의 유형에 포함시킨다. 박인환은 이 시에서 이데올로기의 전쟁 그 자체에 대해서 회의하고 있으며, 그 전쟁에 참여하지 않으려 한다는 점을 밝히고 있다. 제4연이 구체적으로 이를 표현한다. "자유"라는 이데올로기를 위하여 인간의 피, 죽음을 요구하는 전쟁에 대해서 우리는 관련 없다는 것

55) 이 책, p.254.

은 선언하고 있는 것이다. 종군시인 박인환은 자유의 성채를 이데올로기적으로 수호하려는 전쟁의 승리를 예찬하는 종군의 시인이 아니었고, 이데올로기 전쟁을 부정하는 저항의 시인이었다.

박인환은 그렇지만 "죽음과 소연이 가득 찬/생과 사의 경지로 떠"나는 "농부의 아들"을 비난하고 자신을 포함한 우리를 변호하지는 않는다. 농부의 아들이나 우리나 "일체의 불순한 욕망이 반사되어" 개입하지 않는다. "자유의 성채"를 목숨을 바쳐 수호하려는 자들에게는 "군대의 합창"이 있는 반면에, 박인환은 "소설"을 읽는다. 박인환의 시세계를 구성하는 독서 행위의 중요성이 여기에서도 확인된다. 박인환과 우리의 "퇴각"은 비겁한 후퇴나 방관이 아니라, 이데올로기 전쟁에 대한 적극적인 투쟁이다.

「한줄기 눈물도 없이」 역시 전쟁에 대한 시라고 말할 수 있다. 그리고 역시 오해되어 왔다. 면밀히, 엄밀하게, 꼼꼼하게 읽어보자.

한줄기 눈물도 없이

음산陰酸한 잡초雜草가 무성茂盛한 들판에
용사勇士가 누워 있었다.
구름 속에 장미薔薇가 피고
비둘기는 야전병원野戰病院 지붕 위에서 울었다.

존엄尊嚴한 죽음을 기다리는
용사勇士는 대열隊列을 지어
전선戰線으로 나가는 뜨거운 구두 소리를 듣는다.
아 창문窓門을 닫으시오

고지탈환전高地奪還戰
제트기機 박격포迫擊砲 수류탄手榴彈
〈어머니〉 마지막 그가 부를 때
하늘에서 비가 내리기 시작했다.

옛날은 화려華麗한 그림책冊
한장 한장마다 그리운 이야기
만세萬歲소리도 없이 떠나
흰 붕대繃帶에 감겨
그는 남모르는 토지土地에서 죽는다.

한줄기 눈물도 없이
인간人間이라는 이름으로서
그는 피와 청춘靑春을
자유自由를 위해 바쳤다.

음산陰酸한 잡초雜草가 무성茂盛한 들판엔
지금 찾아오는 사람도 없다.[56)]

이 시는 박인환이 육군종군작가단의 일원으로서 한국전쟁에 참여하면서 체험한 전쟁에서 죽어가는 병사를 모티브로 하고 있다. 전쟁목적시와는 달리 이 시는 전쟁과 죽음이라는 주제를 말하고 있다는 점에서 박인환이 시인으로서의 자신의 책임을 다하려 한다는 것을 보여준다. 전장에서 한 병사가 죽어가고 있다. 야전병원에서 치료를 받는 중에 죽는 것이 아니라 전장에서 죽어가고 있다. 제1연 제4행 "비둘기는 야전병원 지붕 위에서 울었다"는 표현은 "음산한 잡초가 무성한 들판에

56) 이 책, p.250.

용사가 누워 있었다"는 사실과 대조를 이룬다. 비둘기, 곧 평화, 반전의 언어가 야전병원에서 죽어가는 병사들을 보고 있는 것이다. 치열한 전투가 있었고 부상당한 용사는 미처 야전병원으로 후송될 수도 없는 지경인지 모른다. 제1연 3행 "구름 속에 장미가 피고"라는 표현은 좀 더 깊은 해석이 필요하다. 박인환 시에서 장미는 무엇인가? 죽음을 의미하는 것이 아닐까 싶다.

제2연 제2행의 "대열을 지어"는 제2연 제1행과 제3행 모두에 연결되는 시어이다. 즉 "존엄한 죽음을 기다리는 용사"가 대열을 이루고 있다는 것이다. 또한 "대열을 지어 전선으로 나가는 뜨거운 구두소리를 듣는다"고 진술하고 있다. 이 제2연에서 중요한 시어는 "아 창문을 닫으시오"라고 말하는 이가 어떠한 자인가 하는 것이다. 물론 대열을 지어 존엄한 죽음을 기다리는 용사들일 것이다. 그런데 그런 그들이 "아 창문을 닫으시오"라고 요청하는 까닭은 무엇일까. 대열을 지어 전선으로 뜨거운 구두 소리를 내며 나가는 자신들의 동지 용사들 역시 대열을 지어 존엄한 죽음을 기다리게 될 것을 잘 알고 있기 때문이다.

제3연은 전투장면을 스케치하고 있다. 고지를 탈환하는 전투가 벌어지고 있다. 적이 이미 자신의 고지를 점령한 것이었다. 하늘에는 제트기가 폭탄을 투하하고, 저 멀리서는 박격포가 발사되고, 마침내 병사가 수류탄을 던진다. 아마도 "제트기 박격포 수류탄"은 차례로 이어졌던 것이 아니라 동시다발적으로 있었을 것이다. 쉼표가 없다. 그리고 그것은 적과 동지의 것이 구별되지도 않은 치열한 전투. 마침내 용사는 마지막으로 "어머니"를 부르면서 죽어간다. 그것은 승리의 환호성이 아니라 삶을 마감하는 죽음의 기호이다. 박인환은 전장에서 죽어가는 병사의 마지막 목소리를 자유가 아니라 어머니로 확인하고 있다는 점에서 목적시의 범주 밖으로 벌써 나아간다. 이 용사의 죽음과 비는 역서정적인 정서를 확인해 준다.

제4연에서 죽어가는 용사는 옛날을 회상한다. 그렇지만 그 전투는

"승리"를 말할 수 없는 것이었다. 제4연 제3행 "만세소리도 없이 떠나" 라는 표현은 죽어가는 그가 실제로 "만세소리"를 지르지 않았다는 것이 아니라 그렇게 죽어갔지만 그 용사는 적을 이길 승리에 대해서 회의하고 있었음을 의미한다. 제4연 제4행 "흰 붕대", 제4연 제5행 "그는 남 모르는 토지에서 죽는다"는 표현은 그의 죽음이 고독했다는 것. 이 시의 제목은 "한줄기 눈물도 없이"인데, 이 시어가 바로 제5연 제1행이다. 왜 그는 눈물 한 줄기 흘리지 않을까? 용감하다는 의미인가? 더구나 제2행 "인간이라는 이름으로서"란 무슨 뜻인가? 이 시는 이해하기 어렵다. 인간이라면 어쩔 수 없이 전쟁을 해야 한다는 것인가?

마지막 연은 제1연을 다시 연상시킨다. "음산한 잡초가 무성한 들판엔" 그의 주검만이 외롭게 있다.[57]

부드러운 목소리로 이야기할 때

나는 언제나 샘물처럼 흐르는
그러한 인생人生의 복판에 서서
전쟁戰爭이나 금전金錢이나 나를 괴롭히는 물상物象과
부드러운 목소리로 이야기할 때
한줄기 소낙비는 나의 얼굴을 적신다.

진정眞正코 내가 바라던 하늘과 그 계절季節은
푸르고 맑은 내 가슴을 눈물로 스치고
한때 청춘靑春과 바꾼 반항反抗도

57) 이동하는 이를 박인환의 대표시의 하나로 선별하면서도 이 시의 의미론을 정당하게 평가하지 못한다. "한가지 덧붙일 것은 이 시에 나타난 박인환의 전쟁관이 다분히 공식적·상투적인 것이라는 사실이다. 그러나 이 점은 박인환 개인에게만 한정되는 문제가 아니라 6·25를 소재로 한 대부분의 우리 전쟁시가 공통적으로 안고 있는 한계이다." 이동하, 『박인환』, p.223.

이젠 서적書籍처럼 불타버렸다.

가고 오는 그러한 제상諸相과 평범平凡 속에서
술과 어지러움을 한恨하는 나는
어느 해 여름처럼 공포恐怖에 시달려
지금은 하염없이 죽는다.

사라진 일체一切의 나의 애욕愛慾아
지금 형태形態도 없이 정신精神을 잃고
이 쓸쓸한 들판
아니 이지러진 길목 처마 끝에서
부드러운 목소리로 이야기한들
우리들 또 다시 살아나갈 것인가.

정막靜寞처럼 잔잔한
그러한 인생人生의 복판에 서서
여러 남녀男女와 군인軍人과 또는 학생學生과
이처럼 쇠퇴衰頹한 철없는 시인詩人이
불안不安이다 또는 황폐荒廢롭다
부드러운 목소리로 이야기 한들
광막廣漠한 나와 그대들의 기나긴 종말終末의 노정路程은
예나 지금이나 변함없노라.

오 난해難解한 세계世界
복잡複雜한 생활生活 속에서
이처럼 알기 쉬운 몇 줄의 시詩와
말라 버린 나의 쓰디쓴 기억記憶을 위하여

전쟁戰爭이나 사나운 애정愛情을 잊고
넓고도 간혹間或 좁은 인간人間의 단상壇上에 서서
내가 부드러운 목소리로 이야기할 때
우리는 서로 만난 것을 탓할 것인가
우리는 서로 헤어질 것을 원할 것인가.[58]

부드러운 목소리는 무엇인가? 이동하는 "난폭하고 황량한 세계의 압력"과 대비되는 "문학과 시"를 표상한다고 해석한다.[59] 부드러움이라는 시어가 이 시를 지배하는 것이지만 부드러운 목소리를 박인환은 긍정하는 것인가, 부정하는 것인가?

김영철은 이 시를 그가 박인환의 허무주의의 극치인 종말론을 보여주는 예로 읽는다.

전쟁과 죽음 앞에서는 희망을 노래하는 '몇 줄의 시'(생략부분)는 아무런 의미가 없는 것이다. 그것은 '진정코 내가 바라던 하늘과 그 계절은/푸르고 맑은 내 가슴을 눈물로 스치고/한때 청춘과 바꾼 반항도/이제 서적처럼 불타 버렸기'(생략부분)때문이다. 모든 것이 절망이다. 보이는 건 허무의 벽뿐이다. (중략) 이처럼 시인은 종말론적 세계관에 이르고 있다. 그 종말론은 종교적인 것이 아니라 오히려 그 차원을 넘어서고 있다. 종교적인 종말론은 구원의 세계로 이어지지만, 시인의 종말론은 절대 파멸에 이르는 것이다.[60]

그렇지만 시의 텍스트를 면밀하게 읽어볼 때, 부드러운 목소리는 저항이 없는, 저항력이 약화된 목소리를 의미한다. 이 점, 제1연에서 분

58) 이 책, p.262.
59) 이동하, 『박인환』, p.226.
60) 김영철, 『박인환』, p.124.

명하다. 내가 나를 괴롭히는, 내가 받아들일 수 없는 "물상物象"에 대해서 철저하게 싸우지 않고 부드럽게 이야기하자, 소낙비가 떨어진 것이다. 이 소낙비를 시인은 이제 부드러운 목소리로 이야기하려는 자신에 대한 경고의 메시지로 읽는다. 제2연에서는 시인은 과거의 저항을 회고하고 있다. "한때 청춘과 바꾼 반항도/이젠 서적처럼 불타 버렸다"고 시인은 자신의 현재를 반성하고 있다. "반항"이 서적처럼 불타버렸다고 말할 때, 진정코 내가 바라던 하늘과 그 계절은 소낙비를 내려 경고하면서도 눈물을 내비치고 있는 것으로 시인은 이해한다. 그러므로 시인은 자신의 반항하려는 의지가 약해짐을 극복할 내재적 의지를 이미 하늘과 그 계절의 눈물을 통하여 굳게 하려 마음먹는다.

박인환의 한국전쟁시를 주술적이고 종말론적인 것으로 해석하는 평론가가 많다. 흥미로운 점은 이렇게 해석하면서도 평가가 일치되어 있지 않다는 것이다. 주술적이고 종말론적이기 때문에 전쟁의 참혹상을 시적으로 더 잘 표현한다는 긍정론이 있는가 하면, 바로 그렇게 때문에 그의 역사의식을 문제시하고 그의 시세계를 가치절하하려는 부정론이 있다.

(1) 긍정론, 그 대표적 예는 김영철이다.

> 신은 파멸과 절망, 허무와 공포의 늪으로 우리를 인도한다. 그리하여 '전쟁의 처참한 추억'은 검은 신의 '영원한 주제'가 되는 것이다.
>
> 이처럼 전쟁의 원인을 신의 뜻으로 돌림으로써 자칫 몰역사주의적인 비관론에 빠질 수도 있다. 분명 전쟁은 냉혹한 역사현실의 역학 관계에서 비롯된 것이었다. 신의 장난처럼 결코 운명론적이거나 주술적인 차원의 것이 아니었다. 주시하다시피 6 · 25는 제2차 세계대전 후 미·소 양 진영의 세력 다툼의 산물이었고 냉전 이데올로기에 의한 대리전이었다. 이

러한 역사인식 없이 주술론적인 신의 세계로 귀의하는 것은 몰역사주의자로 비판받을 수 있다. 그러나 정치 현실에서 비롯한 전쟁이었지만 그 폭악성은 신의 경지에 이른 것이었다. 인간이 인간을 대량 학살하는 것이 어찌 인간의 뜻이겠는가. 그것은 악마의 신의 주술에 걸린 인간의 소행일 뿐인 것이다. 그 점에서 박인환의 신에 대한 절규와 분노는 역사 인식의 한계를 넘어서고 있다.[61]

우선 김영철은 박인환의 역사지식을 무시하는 입장에서 시작하여 전쟁의 참혹상을 표현하는 것에서 박인환은 주술론적 신의 세계에 있었다고 판단하고, 그것의 긍정적 의미를 부여하려 한다.[62] 박인환이 모더니즘의 세계에서 많은 것을 배운 시인임을 인정한다면, 박인환이 쉽사리 주술론적 신의 세계로 귀의하지는 않았으리라고 추측할 수 있을 것이다. 박인환은 냉전의 논리가 미 · 소 양대 세력의 세계관적 전쟁이었다고 생각하지 않았을까 싶다. 1950년 한국전쟁 발발 이전에 박인환은 이데올로기적 세계관의 투쟁을 잘 알고 있었지 않은가.

(2) 부정론, 그 대표적 예는 이동하다.

이동하는 박인환의 시세계를 "허무주의"로 파악한다.

분명히 6 · 25는 박인환의 정신에 깊고도 강렬한 상처를 심어 주었으며, 그 상처는 그가 죽는 날까지 지속되었던 것으로 보인다.

그러나 그 상처의 이름은 무엇인가. 이 물음에 한 마디로 답할 수 있다. '허무주의'인 것이다.[63]

---

61) 김영철, 『박인환』, pp.121-122.

62) 김영철의 표현 가운데 "몰역사주의" 역시 김영철의 역사인식의 빈곤을 간접적으로 시사해주고 있다.

63) 이동하, 『박인환』, p.48.

그가 허무주의로 이해하는 시의 예는 「살아 있는 것이 있다면」, 「미래未來의 창부娼婦」 등이다.

살아 있는 것이 있다면

> 현재現在의 시간時間과 과거過去의 시간時間은
> 거의 모두가 미래未來의 시간時間 속에 나타난다. —T.S. 엘리어트

살아 있는 것이 있다면
그것은 나와 우리들의 죽음보다도
더한 냉혹冷酷하고 절실切實한
회상回想과 체험體驗일지도 모른다.

살아 있는 것이 있다면
여러 차례의 살육殺戮에 복종服從한 생명生命보다도
더한 복수復讐와 고독孤獨을 아는
고뇌苦惱와 저항抵抗일지도 모른다.

한걸음 한걸음 나는 허물어지는
정적靜寂과 초연硝煙의 도시都市 그 암흑暗黑 속으로……
명상瞑想과 또 다시 오지 않을 영원永遠한 내일來日로……
살아 있는 것이 있다면
유형流刑의 애인愛人처럼 손잡기 위하여
이미 소멸消滅된 청춘靑春의 반역反逆을 회상回想하면서
회의懷疑와 불안不安만이 다정多情스러운
모멸侮蔑의 오늘을 살아 나간다.

……아 최후로 이 성자聖者의 세계世界에

살아 있는 것이 있다면 분명히
그것은 속죄贖罪의 회화繪畵 속의 나녀裸女와
회상回想도 고뇌苦惱도 이제는 망령妄靈에게 팔은
철없는 시인詩人
나의 눈 감지 못한
단순單純한 상태狀態의 시체屍體일 것이다……64)

미래未來의 창부娼婦

새로운 신神에게

여윈 목소리로 바람과 함께
우리는 내일來日을 약속約束치 않는다.
승객乘客이 사라진 열차列車 안에서
오 그대 미래未來의 창부娼婦여
너의 희망希望은 나의 오해誤解와
감흥感興만이다.

전쟁戰爭이 머무른 정원庭園에
설레이며 다가드는
불운不運한 편력遍歷의 사람들
그 속에 나의 청춘靑春이 자고
절망絶望이 살던
오 그대 미래未來의 창부娼婦여
너의 욕망慾望은
나의 질투嫉妬와 발광發狂만이다.

64) 이 책, p.192.

향기香氣 짙은 젖가슴을
총銃알로 구멍 내고
암흑暗黑의 지도地圖 고절孤絶된 치마끝을
피와 눈물과
최후最後의 생명生命으로 이끌며
오 그대 미래未來의 창부娼婦여
너의 목표目標는 나의 무덤인가.
너의 종말終末도 영원永遠한 과거過去인가.[65]

이동하는 「살아있는 것이 있다면」에서 마지막 연을 인용하고서도 그가 그것을 어떻게 읽고 있는지를 면밀하게 펼쳐보이지도 않은 채 "「미래의 창부娼婦」의 일절과 더불어 정치 허무주의의 한 극치를 보이는 것이 아닐 수 없다"고 단언하고 있다. 한국문학계의 고질병, 주관적 인상비평과 해석 없는 단정이 여기에서도 반복되고 있다.

이동하의 박인환 오독은 다음과 같은 폄하의 결론에 이른다.

> 이처럼 격앙된 허무주의의 표백 가운데에는 분명히 무시할 수 없는 진실이 담겨 있다. 적어도 여기서 박인환은 전연 겉멋을 부리고 있지 않다. 직접 눈으로 목격할 수 있었던 동족상잔의 참혹한 광경이 너무나도 압도적이었기에 그는 감히 '장미의 온도'니 '스코올과 같은 슬픔' 따위의 유치한 멋부리기를 시도할 엄두를 못 내었던 것이리라.
>
> 그러나 쓸데없는 겉멋을 부리지 않고 심정적인 진실을 담아 낸다고 해서 그것만으로 우수한 시가 되는 것은 아니다. 뛰어난 시를 쓰기 위해서는 심정적인 진실의 자리를 떠나지 않으면서 또한 그것만으로 그치지 않고 어떤 예지를, 비범한 감각이나 혹은 통찰을 자기의 것으로 확보할 필

65) 이 책, p.186.

요가 있다. 그런데 이러한 기준으로 보자면 박인환이 전쟁 중이나 그 후에 쓴 허무주의적인 시들은 아무래도 미흡한 것이 아닐 수 없다. 그의 분노와 절망은 너무나 평면적인 수준에서 머물고 있는 것이다. 단적으로 말하면 상식의 차원을 넘지 못하고 있다.[66)]

일단, 이동하가 지적하는 유치한 멋부리기가 과연 말 그대로 유치한 멋부리기인지 여부의 문제에 대한 논의는 뒤로 미루어두고, 위의 두 시를 면면히 읽어보자. 재독하자.

"살아 있는 것이 있다면"이라는 시어가 이 시에서 반복되고 있다. 이 반복은 도대체 살아 있는 것이 있기는 한가 하고 시인은 반문하는 만큼이나 죽음의 세계가 팽배해 있다는 것을 수사적으로 표현한다. 일단, 제1연 제2행에서 제4행까지 시인은 살아 있는 것은 회상과 체험이라고, 그것은 죽음보다도 더 냉혹하고 절실하다고 표현함으로써 전쟁의 처절한 폐해를 진정 시적으로 표현해 내고 있다. 죽음 그 자체보다 더욱 냉혹한 회상이 있지 않은가. 망각할 수 있다면 차라리 망각하는 것이 더 좋을 만큼의 냉혹한 전쟁체험을 시인은 말하고 있다. 그것은 비범한 감각이며 비범한 통찰이라 아니할 수 없다.

제2연에서는 전쟁의 폐해가 복수와 고독을 강화하는 것임을 일단 제1연에 이어서 강조한다. 나와 우리들을 죽인 그 적들에게 복수하고, 너와 그들과 화해하지 않고 오직 더욱 고독하려는 심정만이 살아 있다는 것이다.

제3연에서는 바로 이러한 제1연에서 말한 "회상"과 "체험", 제2연에서 말한 "복수와 고독을 아는 고뇌와 저항"이 나날이 강화되어 마침내 나는 허물어지고 있다는 것을 깨닫는다는 것을 표현하고 있다. 그것은 미래가 없는 과거의 지속에 불과하다는 것을 표현하며, 제1연에서 말한 "회상"을 지속하고 있는 내가 어떻게 오늘을 살아가고 있는지를 말한다.

66) 이동하, 『박인환』, pp.49-50.

제3연 제7행과 제8행은 결코 일차적으로 시인에게서 일어났던, 어쩌면 자연스러운 반응이었는지 모른다. 그것은 한국사회가 한국전쟁사를 파악하는 그 당시의 현재해 있었던 반응이었을 것이다. "회의懷疑와 불안만이 다정스러운/모멸의 오늘을 살아 나간다"는 시어는 한국전쟁이 종식된 다음에 적들에 대한 시인 자신의 궁극적인 태도를 말하는 것이 결코 아니다.

이 시에서 시인의 궁극적인 태도와 입장은 마지막 제4연에서 표현된다. 제4연 제1행에서 '……'라는 표현은 반성의 시간을 말한다. 침묵하되 깊은 성찰의 시간이 있었던 것이다. 혹은 그러한 시간을 갖자는 요청을 말하는 시적 표현으로도 해석될 수 있다. 그리하여 진정으로 살아있는 것이 있다면, 아니 살려내야 하는 것은, 다름 아니라 다음이다: (1) "속죄의 회화繪畵 속의 나녀裸女", (2) "철없는 시인", (3) "단순한 상태의 시체". 좀 더 구체적으로 말하자. (1) "속죄의 회화 속의 나녀" 즉 가식 없이 진정으로 자연인으로서 자신의 죄부터 먼저 사죄하는 것임을 요청할 뿐만 아니다. (2) 제1연과 제2연에서 말한 증오의 복수를 불러일으켰던 회상과 고뇌를 이제는 죽음의 세계 속에 집어던지는 결단을 내리자는 요청을 하고 있는 것이다. 이러한 요청을 하는 시인은 아마도 그 당시의 현실상황에 비추어 보면 "철이 없는" 것으로 받아들여질 수 있다는 의미일 수 있다. 또한 신 앞에 벌거벗은 여자, 나녀裸女처럼 자연적 인간으로 되돌아가야 한다는 의미일 수도 있다. (3) "단순한 상태의 시체"라는 시어는 아직 죽지 않았음을 말하는 것이다. 나는 아직 눈을 감지 못한다. 아니 눈을 감을 수 없다. 아직 살아 있는 것이 있다면, 살려내야 하는 것이 있다면, 죽어가고 있었던 "나"라는 것이다. 박인환은 이 시에서 전쟁의 폐해를 매우 뛰어난 시적 구성을 통해서 표현하면서도 증오와 복수를 넘어서 화해와 관용을 노래하고 있는 것이다. 그것은 결코 "소박한 센티멘털리즘에 바탕을 둔 허무주의"[67]가

---

67) 이동하, 『박인환』, p.51.

아니다.

이동하의 표피적 인상적 비평은 일종의 언어적 폭력이다. 이동하는 박인환의 시가 시가 되지 못하는 졸작이라고 혹평하는데 그 예로 「새로운 결의決意를 위하여」라는 시이다. 그는 이 시를 두고 다음과 같이 혹평한다.

> 그의 사고는 이처럼 소박한 것이다. 위의 시 「새로운 결의를 위하여」에서 우리는 거리의 필부가 생각할 수 있는 것 이상의 요소를 별반 보지 못했다. 그리고 이처럼 평범한 사고를 담아내기 위하여 동원된 언어들이 또한 너무나 진부하고 산문적인 데에 실망을 금할 수 없게 된다.[68]

그는 시의 일부를 인용하고 이렇게 혹평하고 있지만, 일단 전문을 재독하자.

새로운 결의決意를 위하여

나의 나라 나의 마을 사람들은
아무 회한悔恨도 거리낌도 없이 거저
적敵의 침략侵略을 쳐부수기 위하여
신부新婦와 그의 집을 뒤에 남기고
건조乾燥한 산악山岳에서 싸웠다 그래서
그들의 운명運命은 노호怒號 했다
그들에겐 언제나 축복祝福된 시간時間이 있었으나
최초最初의 피는 장미와 같이 가슴에서 흘렀다.
새로운 역사歷史를 찾기 위한
오랜 침묵沈默과 명상冥想 그러나
죽은자者와 날개 없는 승리勝利

68) 이동하, 『박인환』, p.50.

이런 것을 나는 믿고 싶지가 않다.

더욱 세월歲月이 흘렀다고 하자
누가 그들을 기억記憶할 것이냐.
단지 자유自由라는 것만이 남아 있는 거리와
용사勇士의 마을에서는
신부新婦는 늙고 아비 없는 어린것들은
풀과 같이
바람 속에서 자란다.

옛날이 아니라 거저 절실切實한 어제의 이야기
침략자侵略者는 아직도 살아 있고
싸우러 나간 사람은 돌아오지 않고
무거운 공포恐怖의 시대時代는 우리를 지배支配한다.
아 복종服從과 다름이 없는 지금의 시간時間
의의意義를 잃은 싸움의 보람
나의 분노憤怒와 남아 있는 인간人間의 설움은
하늘을 찌른다.

폐허廢墟와 배고픈 거리에는
지나간 싸움을 비웃듯이 비가 내리고
우리들은 울고 있다.
어찌하여?
소기所期의 것은 아무것도 얻지 못했다
원수들은 아직도 살아 있지 않는가.[69]

---

69) 이 책, p.264.

“지나간 싸움”에 대해서 시인은 말한다. (한국)전쟁이 선언적으로는 끝났지만, 실질적으로는 아직 끝나지 않았음을 이 시는 말하고 있다. “옛날이 아니라 그저 절실한 어제의 이야기/침략자는 아직도 살아 있고/싸우러 나간 사람은 돌아오지 않고/무거운 공포의 시대는 우리를 지배한다.” 냉전의 논리가 여전하게 굳건하게 버티고 있음을 그는 지적한다. 거리의 필부가 생각할 수 있는 것 이상을 시인을 말하고 있다. 물리적으로 전쟁이 끝난 지 얼마 지나지 않았다는 것이 아니라 실질적으로 전쟁이 연속되고 있음을 이 시는 말하고 있다(제4연).

제2연에서 시인이 말하고 있는 것에 주목해야 한다. 시인은 “단지 자유라는 것만이 남아 있는 거리와/용사의 마을에서는/신부는 늙고 아비 없는 어린 것들은/풀과 같이/바람 속에서 자란다”고 말하고 있지 않은가. 시인은 현재로부터 시간이 많이 흘러 “자유”, 즉 미국을 중심으로 하는 자본주의 세계가 전쟁에서 승리하였다고 가정해 보라고 말하면서, 그런 승리의 세계에서는 전쟁과 다름없는 사태가 있다는 것을 예견하고 그것을 비판한다. 그런 승리라면, 지나간 전쟁과 다를 바 없이, “적의 침략을 쳐부수기 위하여/신부新婦와 그의 집을 뒤에 남겨 두고” 전장으로 떠났을 때와 다를 바 없이 “더욱 세월이 흘러” 신부는 늙어버렸고 사생아들이 생겨나는 타락이 일어나리라 경고하고 있는 것이다. 제1연에서 시인이 “죽은자者와 날개 없는 승리/이런 것을 나는 믿고 싶지가 않다”고 했을 때 염두에 두었던 것은 바로 이런 맥락이었다. 시인이 믿고 싶은 것은 “새로운 역사를 찾기 위한/오랜 침묵과 명상”이다. 시인은 냉전의 논리에 대해서 비판하고 있는 것이다. 시인은 일단 차가운 전쟁의 말을 중단하고 침묵할 것과 깊은 숙고를 요청한다. 마지막 연에서 시인은 지나간 싸움이 여전히 지속되고 있음을 말하고 그것을 비판하는 시어를 구성시킨다. 피상적 인상의 반독해가 아니라 엄밀독해가 필요하다. 시인이 “아직도 살아 있다” 생각하는 그 “원수들”은 공산주의와 자본주의에 공통으로 지배하는 냉전의 사고 그 자체이다. 이 빼어난 시는 이동하가 지적하듯 "너무나 진부하고 산문적" 것이 아니라 시인 스스로 규정하고 있듯 "무거운 공포의 시대"에 시대정신에 대한 역사적 비판, 역사의식에 투철한 비판적 통찰이었다.[70)]

VI. 제3세계를 위한 참여시

박인환의 시 가운데 「인도네시아 인민에게 주는 시」, 「식민항의 밤」, 「정신의 행방을 찾아」, 「남풍」 등을 "비판적 리얼리즘의 시"[71)]로 보거나, "비판적 현실주의"[72)]로 이해하는 해석이 있다.

인도네시아 인민人民에게 주는 시詩

동양東洋의 오케스트라
가믈란의 반주악伴奏樂이 들려온다
오 약소민족弱小民族
우리와 같은 식민지植民地의 인도네시아

삼백 년三百年 동안 너의 자원資源은
구미歐美 자본주의資本主義 국가國家에 빼앗기고
반면反面 비참悲慘한 희생犧牲을 받지 않으면
구라파歐羅巴의 반半이나 되는 넓은 땅에서

---

70) 이동하가 "박인환 대표시 감상"에서 한 이 시에 대한 거친 해석과 비교해 보라. 이동하, 『박인환』, pp.231-233.

71) 김영철,『박인환』, p.111.

72) 박민수, 「박인환 시의 모더니즘 특성」, 『현대시 사상』 제14호, p.146을 김영철, 『박인환』, p.112 각주에서 재인용.

살 수 없게 되었다 그러는 사이
가믈란은 미칠 듯이 울었다

홀랜드의 58배倍나 되는 면적面積에
홀랜드인人은 조금도 갖지 않은 슬픔을
밀림密林처럼 지니고
6073만萬 인人 중中 한 사람도 빛나는 남십자성南十字星을 쳐다보지도
못하며 살아왔다

수도首都 족자카르타 상업항商業港 스라바야
고원高原 분지盆地의 중심지中心地 반돈의 시민市民이여
너희들의 습성習性이 용서容恕하지 않는
남을 때리지 못하는 것은 회교回教서 온 것만이 아니라
동인도회사東印度會社가 붕괴崩壞한 다음
홀랜드의 식민정책植民政策 밑에
모든 힘까지도 빼앗긴 것이다

사나이는 일할 곳이 없었다 그러므로
약弱한 여자女子들은 백인白人아래 눈물 흘렸다
수만數萬의 혼혈아混血兒는
살길을 잃어 애비를 찾았으나
스라바야를 떠나는 상선商船은
벌써 기적汽笛을 울렸다

홀랜드인人은 포르투갈이나 스페인처럼
사원寺院을 만들지는 않았다
영국인英國人처럼 은행銀行을 세우지 않았다

토인土人은 저축심貯蓄心이 없을 뿐만 아니라
저축貯蓄할 여유餘裕란 도무지 없었다
홀랜드인人은 옛날처럼 도로道路를 닦고
아세아亞細亞의 창고倉庫에서 임자 없는 사이
보물寶物을 본국本國으로 끌고만 갔다

주거住居와 의식衣食은 최저도最低度
노예적奴隷的 지위地位는 더욱 심甚하고
옛과 같은 창조적創造的 혈액血液은 완전完全히 부패腐敗하였으나
인도네시아 인민人民이여
생生의 광영光榮은 홀랜드의 소유所有만이 아니다

마땅히 요구要求할 수 있는 인민人民의 해방解放
세워야 할 늬들의 나라
인도네시아 공화국共和國은 성립하였다 그런데
연립임시정부聯立臨時政府란 또다시 박해迫害다
지배권支配權을 회복回復하려는 모략謀略을 부숴라
이제는 식민지植民地의 고아孤兒가 되면 못쓴다
전인민全人民은 일치단결一致團結하여 스콜처럼 부서져라

국가방위國家防衛와 인민전선人民戰線을 위해 피를 뿌려라
300년 동안 받아온 눈물겨운 박해迫害의 반응反應으로
너의 조상祖上이 남겨놓은
저 야자椰子나무의 노래를 부르며
홀랜드군軍의 기관총機關銃 진지陣地에 뛰어들어라

제국주의帝國主義의 야만적野蠻的 세계世界는

너희뿐만 아니라 우리의 모욕侮辱
힘 있는 대로 영웅英雄되어 싸워라
자유自由와 자기自己 보존保存을 위爲해서만이 아니고
야욕野慾과 폭압暴壓과 비민주적非民主的인
식민정책植民政策을
지구地球에서 부숴내기 위爲해
반항反抗하는 인도네시아 인민人民이여
최후最後의 한 사람까지 싸워라

참혹慘酷한 몇 달이 지나면
피 흘린 자바섬島에는
붉은 칸나 꽃이 피리니
죽음의 보람은 남해南海의 태양太陽처럼
조선朝鮮에 사는 우리에게도 빛이려니
해류海流가 부딪치는 모든 육지陸地에선
거룩한 인도네시아 인민人民의
내일來日을 축복祝福하리라

사랑하는 인도네시아 인민人民이여
고대문화古代文化의 대유적大遺跡 보로부두르의 밤
평화平和를 울리는 종鍾소리와 함께
가믈란에 맞추어 스림피로
새로운 나라를 맞이하여라[73)]

이 작품을 놓고 프롤레타리아트 국제주의 노선을 드러내고, 나아가 낙관적 전망을 견지했다는 점에서 조선문학가동맹의 진보적 리얼리즘

73) 이 책, p.160.

노선에 부합되는 것으로 해석하는 견해가 있는가 하면,[74] 그렇지 않다는 견해가 대립해 있다. 후자의 입장을 취하는 김영철은 박인환은 우익 쪽에 가깝다고 판단한다.

> 좌익 계열의 조선문학가동맹이 반제, 반봉건, 반국수주의 부르주아 민주주의 혁명 노선을 취한 것은 사실이지만 반제국주의 투쟁은 좌익만의 전유물은 아닌 것이다. 외세의 척결은 해방기 현실에서 좌우익 모두가 공통적으로 해결해야 할 민족사적 과제였던 것이다. 아울러 박인환의 이념적 노선은 좌우익을 벗어나 있었으며 엄격히 말해, 우익 쪽에 가까운 것이었다. 박인환을 포함한 '새로운 도시……'파 시인들은 표면상으로는 중립 노선이었으나 내면상으로는 우익 쪽이었다.[75]

총 11연으로 구성된 이 시는 비교적 쉽게 읽히는 그의 다른 시들과는 달리 상대적으로 산문적 시의 인상을 갖고 있다. 이 시는 외면적으로는 인도네시아 인민에게 보내는 시로 읽히지만 심층적으로는 한국의 인민에게 보내는 메시지로 해독될 수 있는 시이다. 제1연에서 "오 약소민족/우리와 같은 식민지의 인도네시아"라고 말한다. 박인환은 1947년 당시 한국의 상황을 이렇게 국제적 질서 속에서 파악하고 있었다. 약소민족인 제3세계 인민들에 대한 관심이 이렇게 있었다는 것 자체가 매우 신선하다. 제9연에서는 분명하게 제국주의의 침약에 대해서 한국의 관점에서 비판한다.

> 제국주의帝國主義의 야만적野蠻的 세계世界는

74) 송기한, 「역사의 연속성과 그 문학사적 의미」, 『1950년대 문학연구』, 예하, 1991, pp.156-157; 고명수, 『한국모더니즘시인론』, 서울: 문학아카데미, 1995, pp.196-197; 김영철, 『박인환』, p.111.

75) 김영철, 『박인환』, p.111.

너희뿐만 아니라 우리의 모욕侮辱
힘 있는 대로 영웅英雄되어 싸워라
자유自由와 자기自己 보존保存을 위爲해서만이 아니고
야욕野慾과 폭압暴壓과 비민주적非民主的인
식민정책植民政策을
지구地球에서 부숴내기 위爲해
반항反抗하는 인도네시아 인민人民이여
최후最後의 한 사람까지 싸워라

제국주의를 비판하고 민주주의를 시인은 주장하고 있으며 제국주의적 지배에 저항할 것을 호소하고 있다. 제국주의적 야만적 침탈이 어떠한 지를 이 시에서 밝히고 있다. 구미자본주의 국가가 식민지 자원을 강탈해가는 것(제2연), 가혹한 노동조건(제3연, "6073만인 중 한 사람도 빛나는 남십자성南十字星은 쳐다보지도 못하며 살아 왔다"), 백인들의 여성 성폭행(제5연). 최저의 의식주(제7연). 그리고 식민지근성을 이데올로기적으로 주입시키는 것(제4연). 제8연부터는 바로 이같은 제국주의적 야만적 지배에 저항할 것을 축복하는, 요청하는 시어들이 이어진다. 제10연에서는 반제국주의와 민주주의를 위해 투쟁하는 죽음을 말하면서, 바다로 연결되는 것을 은유하여 전 세계의 세력들이 함께 연대하여 인도네시아 저항운동을 축복할 것을 요청하고 있다.

정신精神의 행방行方을 찾아

선량善良한 우리의 조상祖上은
투르키스탄 광막廣漠한 평지平地에서
근대정신近代精神을 발생시켰다.
그러므로 폭풍暴風 속의 인류人類들이여

홍적세기洪積世紀의 자유自由롭던 수륙水陸 분포分布를
오늘의 문명文明 불모不毛의 지구地球와 평가評價할 때
우리가 보유保有하여 온 순수純粹한 객관성客觀性은 가치價値가 없다.

중화민국中華民國 광서성廣西省 북경北京 근교近郊
자바(피테칸트로푸스)를 가리켜
전란戰亂과 망각忘却의 토지土地라 함이
인류人類의 고뇌苦惱를 지적指摘할 수 있는 것이다.
미래未來에의 수목樹木처럼 기억記憶에 의지依支되어 세월歲月을 등지고
육체肉體와 노예奴隸—
어제도 오늘도 전지戰地에서 사라진 사고思考의 비극

영원의 바다로 밀려간 반란反亂의 눈물
화산火山처럼 열熱을 토吐하는 지구地球의 시민市民
냉혹冷酷한 자본資本의 권한權限에 시달려
또다시 자유정신自由精神의 행방行方을 찾아
추방追放, 기아飢餓
오 한限없이 이동移動하는 운명運命의 순교자殉敎者
사랑하는 사람의 의상衣裳마저
이미 생명生命의 외접선外接線에서 폭풍暴風에 날아갔다.

온 세상世上에 피의 비와 종鍾소리가 그칠 때
시끄러운 시대時代는 어데로 가나
강렬强烈한 싸움 속에서
자유自由와 민족民族이 이지러지고
모든 건축建築과 원시原始의 평화平和는
새로운 증오憎惡와 쓰러져간다.

아 오늘날 모든 시민市民은
정막靜寞한 생명生命의 존속存續을 지킬 뿐이다.[76)]

총 4연으로 구성되어 있는 시이다. 비판적 리얼리즘 계열에 속하는 시로 간주된다.

> '냉혹한 자본의 권한'에 밀려 자유의 길은 행방을 잃고 추방되고 식민지 인민들은 기아에 시달리며 거주할 곳을 잃고 헤매고 있다. 자유와 평화 대신에 증오가 들어서고 있는 것이다.[77)]

남풍南風

거북이처럼 괴로운 세월이
바다에서 올라온다

일찍이 의복衣服을 빼앗긴 토민土民
태양太陽 없는 마레
너의 사랑이 백인白人의 고무원園에서
소형素馨처럼 곱게 시들어졌다

민족民族의 운명運命이
크메르 신神의 영광榮光과 함께 사는
앙코르와트의 나라
월남인민군越南人民軍
멀리 이 땅에서도 들려오는

76) 이 책, p.288.
77) 김영철,『박인환』, p.113.

너희들의 항쟁抗爭의 총銃소리

가슴 부서질 듯 남풍南風이 분다
계절季節이 바뀌면 태풍颱風은 온다

아세아亞細亞 모든 위도緯度
잠든 사람이여
귀를 기울여라

눈을 뜨면
남방南方의 향기가
가난한 가슴팍으로 스며든다.[78)]

베트남 인민들의 독립투쟁을 노래하는 시이다. 「인도네시아 인민에게 주는 시」와 같이 제3세계 인민들에게 따스한 시선을 던지며 그들의 투쟁과 연대하려는 참여적 시의 예이다. 시각을 넘어, 청각과 후각에 주목하는 시이다. 아직은 남풍이 불어오지만 그것은 곧 태풍이 될 것을 예감한다. 아시아의 모든 사람들에게 지금 잠들고 있을 지라도 귀를 열어 남풍의 소리를 들어야 한다고 호소하고 있다. 그리하여 눈을 뜨고, 청각은 후각으로 연결되며 그 투쟁의 향기를 맡을 것을 요청한다. 그리고 베트남 독립투쟁을 노래하면서도 시인은 그들의 역사를 잊지 않는다.

식민항植民港의 밤

향연饗宴의 밤

---

78) 이 책, p.158.

영사부인領事婦人에게 아시아의 전설傳說을 말했다.

자동차自動車도 인력거人力車도 정거停車되었으므로
신성神聖한 땅 위를 나는 걸었다.

은행지배인銀行支配人이 동반同伴한 꽃 파는 소녀少女

그는 일찍이 자기自己의 몸값보다
꽃값이 비쌌다는 것을 안다.

육전대陸戰隊의 연주회演奏會를 듣고 오던 주민住民은
적개심敵愾心으로 식민지植民地의 애가哀歌를 불렀다.

삼각주三角洲의 달빛
백주白晝의 유혈流血을 밟으며 찬 해풍海風이 나의 얼굴을
적신다.[79]

나는 향연을 마치고 향연장에서 아마도 집으로 오는 중이었으리라. 그 향연장은 영사관이었던 것 같다. 자동차도 인력거도 끊어진 아주 늦은 시각에 그는 귀가하면서 제국주의 군대의 육전대의 연주회를 듣고 오던 주민이 식민지의 애가를 적개심으로 부르는 것을 듣는다. 영사부인에게 나는 아시아의 전설을 말했다고 제1연에서 말한다. 그 아시아의 전설은 어떠한 것이었을까. 아마도 앙코르 와트와 같은 것이 아니었을까. 그렇지만 식민지의 밤 현장은 참혹하다. 은행지배인, 경제 권력은 꽃 파는 소녀를 동반하고 왔는데, 그 소녀의 몸값은 소녀가 파는 꽃값보다 싸다는 것, 그리고 그 사실을 알고 있는 소녀의 현존을 통

79) 이 책, p.269.

해서 식민지 현실이 식민지 인민들에게 얼마나 처참한지를 웅변한다. 자신이 팔고 있는 꽃보다 값이 싸게 자신의 몸을 팔지 않으면 안 되는 식민지의 밤은 달빛이 있지만 어둡다. 식민지 시대의 밤을 걷고 있는 나에게 차가운 해풍이 불어온다.

Ⅶ. 아메리카 시초에 대하여

「아메리카 시초詩抄」는 총 11편의 시로 묶여져 있다. 이 아메리카 시초에 대해서도 비평은 크게 다르다. (1) 이동하 같은 이는 "전반적인 수준은 이건청도 지적한 바와 같이 별로 높은 편이"[80] 못된다고 판단하고, 그 중에서도 비교적 괜찮은 작품으로 「여행」[81]을 들 뿐이다. 비교적 긍정적으로 보려 노력했던 김영철조차 이 「아메리카 시초」에 대해서는 거의 언급하지 않는다. (2) 오히려 윤석산 같은 평전작가가 이 「아메리카 시초」에 주목해야 한다고 지적하고 있는 정도이다.

어느 날의 시詩가 되지 않는 시詩

당신은 일본인日本人이지요?
차이니이즈? 하고 물을 때
나는 불쾌不快하게 웃었다.
거품이 많은 술을 마시면서
나도 물었다
당신은 아메리카 시민市民입니까?

---

80) 이동하, 『박인환』, p.241.
81) 이 책, p.233.

나는 거짓말 같은 낡아빠진 역사歷史와
우리 민족民族과 말이 단일單一하다는 것을
자랑스럽게 말했다.
황혼黃昏.
태번 구석에서 흑인黑人은 구두를 닦고
거리의 소년少年이 즐겁게 담배를 피우고 있다.

여우女優 〈가르보〉의 전기책傳記冊이 놓여있고
그 옆에는 디텍티이브 스토리가 쌓여있는
서점書店의 쇼윈도
손님이 많은 가게 안을 나는 들어가지 않았다.

비가 내린다.
내 모자 위에 중량重量이 없는 억압抑壓이 있다.
그래서 뒷길을 걸으며
서울로 빨리 가고 싶다고
센티멘털한 소리를 한다.

(에베레트 에서)[82]

제1연에서 나는 미국에서 사람을 만나 대화를 나눈다. 장소는 아마도 술을 파는 카페 같은 곳이리라. 자연히 나의 동양인 외모를 보고 그들은 묻는다. "당신은 일본인日本人이지요?" 나는 고개를 가만히 가로 내젓는다. 그러자 이번에는 "차이니이즈?"라고 묻는다. "한국인인가요?" 라고 묻지 않는 것이다. 마침내 나는 한국인이라 말하고서, 그들이 한국의 존재를 알지 못하는데 자존심을 상하자, 한 잔의 술(맥주)을 마시고, 그들에게 묻는다. "당신은 아메리카 시민 입니까?" 아마도 그들은

82) 이 책, p.231.

흑인이 아닌가 싶다. 이 점은 제1연 제8행, 제9행 "우리 민족民族과 말이 단일하다는 것을/자랑스럽게 말했다"는 표현에서 알 수 있다. "단일하지 않다"고 말하는 시인은 심정은 어떠했을까? 흑백 인종차별이 있는 미국에서 흑인들에게 "우리의 민족과 말은 단일하다"고 자랑하는 그것 자체가 차별이 없는 평등한 사회라는 것을 말하는 것은 아님을 시인은 잘 알고 있다. 그리하여 나는 술집을 나와 길을 걸어간다. 화려한 이면을 박인환은 읽고 있다.

태번 구석에서 흑인黑人은 구두를 닦고
거리의 소년少年이 즐겁게 담배를 피우고 있다.

그러므로 시인은 이러한 미국의 어두운 면을 보면서 미국의 "황혼黃昏"을 예감하는 것이다. 제2연에서 시인이 "손님이 많은 가게 안"으로 들어가 보지 않았던 것 역시 이러한 황혼의 예감과 관련되어 있다. 제1연과 제2연은 의미론적으로 부드럽게 연결된다.

아마도 이 시의 핵심은 3연에 있다. 비가 내리고 있지만 우산 없이 미국의 뒷길을 걸으며 되돌아가야 할 곳이 어디인지 분명하게 깨닫지 못하면서 "서울로 빨리 가고 싶다고/센티멘털한 소리를 한다", 즉 에베레트(미국)의 대안이 서울(한국)이 아님을 그 자신 잘 알고 있는 것이다. 센티멘털한 소리는 그 스스로 부정하면서도 그냥 내뱉는 소리인 것이다. 바로 이 때문에 이 시는 "어느 날의 시가 되지 않는 시"였다. 시란, 센티멘털한 소리를 해서는 안 된다. 그렇지만 바로 이 점을 말하고 있는 한에서 이 시는 시로서 발표될 수 있었다.

새벽 한 시時의 시詩

대낮 보다도 눈부신

포틀랜드 밤 거리에
단조單調로운 〈글렌 밀러〉의 랩소디가 들린다.
쇼윈도에서 울고 있는 마네킹.

앞으로 남지 않은 나의 잠시暫時를 위하여
기념紀念이라고 진 피즈를 마시면
녹슬은 가슴과 뇌수에 차디찬 비가 내린다.

나는 돌아가도 친구들에게 얘기 할 것이 없고나
유리로 만든 인간人間의 묘지墓地와
벽돌과 콘크리트 속에 있던
도시都市의 계곡溪谷에서
흐느껴 울었다는 것 외에는…….

천사天使처럼
나를 매혹魅惑 시키는 허영虛榮의 네온.
너에게는 안구眼球가 없고 정서情抒가 없다.
여기선 인간人間이 생명生命을 노래하지 않고
침울沈鬱한 상념想念만이 나를 구求한다.

바람에 날려온 먼지와 같이
이 이국異國의 땅에선 나는 하나의 미생물微生物이다.
아니 나는 바람에 날려와
새벽 한 시時 기묘奇妙한 의식意識으로
그래도 좋았던
부식腐蝕된 과거過去로
돌아가는 것이다.

(포틀란드 에서)[83]

이 시는 마지막 연에서 조국에 되돌아가는 것을 주된 시의 흐름으로 삼고 있음을 말한다. 조국 한국을 시인은 "그래도 좋았던/부식腐蝕된 과거"라 말한다. 이는 한국 그 자체를 긍정하는 것이 아니라 한국사회와 그 역사에 대해 비판적 긍정을 표현하고 있다. 이국땅 미국을 여행하면서 그는 미국사회를 냉철하게 보고 있다. 제3연에서 시인은 매우 현대적인 관찰의 시어로 미국의 비인간성을 연민의 정감으로 고발하고 있다.

나는 돌아가도 친구들에게 얘기 할 것이 없고나
유리로 만든 인간人間의 묘지墓地와
벽돌과 콘크리트 속에 있던
도시都市의 계곡溪谷에서
흐느껴 울었다는 것 외에는…….

아마도 미국사회에 대한 비판은 미국에선 인간이 생명을 노래하지 않는다는 표현일 것이다. 박인환 시세계를 이해하는데, 생명을 노래한다는 것은 매우 소중한 표현이다. "허영의 네온"이 그를 매혹하고 있지만 결코 그는 그것에 굴복하지 않는다. "그래도 좋았던/부식腐蝕된 과거로/돌아가는" "침울한 상념만이" 더욱 확고하다. 아마도 그 상념은 조국 한국사회의 미래상일 것이다.

태평양太平洋 에서

갈매기와 하나의 물체物體

83) 이 책, p.238.

〈고독孤獨〉

연월年月도 없고 태양太陽도 차겁다.
나는 아무 욕망慾望도 갖지 않겠다.
더욱이 낭만浪漫과 정서情緒는
저기 부서지는 거품 속에 있어라.
죽어간 자者의 표정表情처럼
무겁고 침울한 파도波濤 그것이 노怒할 때
나는 살아있는 자者라고 외칠 수 없었다.
그저 의지意志의 믿음만을 위하여
심유深幽한 바다 위를 흘러가는 것이다.

태평양太平洋에 안개가 끼고 비가 내릴 때
검은 날개에 검은 입술을 가진
갈매기들이 나의 가까운 시야視野에서 나를 조롱 한다
〈환상幻想〉
나는 남아 있는 것과
잃어버린 것과의 비례比例를 모른다.

옛날 불안不安을 이야기 했었을 때
이 바다에선 포함砲艦이 가라앉고
수십만數十萬의 인간人間이 죽었다.
어둠 침침한 조용한 바다에서 모든 것은 잠이 들었다.
그렇다. 나는 지금 무엇을 의식意識하고 있는가?
단지 살아 있다는 것만으로서.

바람이 분다.
마음대로 불어라. 나는 데크에 매달려

기념紀念이라고 담배를 피운다.

무한無限한 고독孤獨. 저 연기煙氣는 어디로 가나.

밤이여. 무한無限한 하늘과 물과 그 사이에

나를 잠들게 해라.

(태평양太平洋 에서)[84]

아마도 박인환은 한국에서 미국으로 가는 태평양 선상에서 이 시를 쓴 듯하다. 시인은 태평양 한 복판에서도 전쟁을 회상한다. 제3연 이 바다에서 전쟁으로 죽은 병사들을 기억해내고 그가 무엇을 의식하고 있는지, 무엇을 의식해야 하는지, 성찰하는 태도를 다짐한다. 마지막 연: 그는 죽지 않으려 한다. 죽을 수 없음을 깨닫는다. 제3연 제4행에서 "잠이 들었다"는 것은 죽음을 의미하고 그것은 침묵을 표현한다. "밤이여. 무한한 하늘과 물과 그 사이에/나를 잠들게 해라"라는 표현은 잠들 수 없는 밤, 그 밤에 역사적 시를 써야 하는 시인의 책무를 다르게 말한다. 아마도 그것은 시인의 눈 앞에 역사적 과제가 놓여 있음을 잘 알고 있기 때문이리라. 미국 여행을 시로 표현하는 과제를 박인환은 이렇게 다짐하고 있었다.

바로 이 과제 앞에서는 대자연의 엄청난 폭력 앞에서 "나는 살아 있는 자者라고 외칠 수 없었다"고 말하던 것이 시인의 과제를 명백하게 깨달은 지금 나는 "어두침침한 조용한 바다에서" 죽었던 수많은 인간들처럼 그렇게 "바다(속)에서" 잠들 수 없는 것이다. 이 시에서 일종의 단절이 있는 것은 제2연에서 "〈환상〉"이 일어나는 곳이다. 이 〈환상〉은 제1연에서 〈고독〉과 좋은 대위를 이룬다. 즉 〈환상〉은 제1연의 〈고독〉과는 다른 것이다. 그것은 제3연에서 회상하는 전쟁 동안 죽었던

84) 이 책, p.233.

수십만의 인간들과의 상상적 연대로 나아가는 것이다. 여기 제4연의 바람은 연결자이다.

바람이 분다.
마음대로 불어라. 나는 데크에 매달려
기념紀念이라고 담배를 피운다.
무한無限한 고독孤獨. 저 연기煙氣는 어디로 가나.

이 고독 아닌 고독은, 시인의 사회적 책무를 지시하는 듯한 담배 연기는 "무한한 하늘과 물과 그 사이에" 나아가고 있지 않은가. 그곳에서 그는 잠들고 싶은 것이다.[85)]

다리 위의 사람

다리 위의 사람은
애증愛憎과 부채負債를 자기 나라에 남기고
암벽岩壁에 부딪히는 파도波濤소리에 놀래
바늘과 같은 손가락은
난간欄干을 쥐었다.
차디찬 철鐵의 고체固體
쓰디쓴 눈물을 마시며
혼란混亂된 의식意識에 가라앉아 버리는
다리 위의 사람은
긴 항로航路 끝에 이르른 정막靜寞한 토지土地에서
신神의 이름을 부른다.

---

85) 김영철, 『박인환』, p.188의 해설과 비교하라. 김영철은 이 시의 본질을 파악하지 못하고 오독하고 있다.

그가 살아오는 동안
풍파風波와 고절孤絶은 그칠줄 몰랐고
오랜 세월歲月을 두고
DECEPTION PASS에도
비와 눈이 내렸다.

또다시 헤어질 숙명宿命이기에
만나야만 되는 것과 같이
지금 다리 위의 사람은
로사리오 해협海峽 에서 불어오는
처량凄凉한 바람을 잊으려고 한다.
잊으려고 할 때 두 눈을 가로막는
새로운 불안不安
화끈거리는 머리
절벽絶壁 밑으로 그의 의식意識은 떨어진다.

태양太陽이 레몬과 같이 물결에 흔들거리고
주립공원州立公園 하늘에는
에메랄드처럼 반짝거리는 기계機械가 간다.
변함없이 다리 아래 물이 흐른다
절망絶望된 사람의 피와도 같이
파란 물이 흐른다
다리 위의 사람은
흔들리는 발걸음을 걷잡을 수가 없었다.

(안나코테스 에서)[86]

어느 날

4월四月 10일十日의 부활제復活祭를 위하여
포도주 한 병을 산 흑인黑人과
빌딩의 숲속을 지나
에이브러햄 링컨의 이야기를 하며
영화관映畵館의 스틸 광고廣告를 본다.
……카르멘 존스……

미스터 몬은 트럭을 끌고
그의 아내는 쿡크와 입을 맞추고
나는 〈지렌〉 회사會社의 텔레비전을 본다.

한국韓國에서 전사戰死한 중위中尉의 어머니는
이제 처음 보는 한국韓國사람이라고 내 손을 잡고
시애틀 시가市街를 구경시킨다.

많은 사람이 살고
많은 사람이 울어야하는
아메리카의 하늘에 흰 구름.
그것은 무엇을 의미意味하는가.

나는 들었다 나는 보았다
모든 비애悲哀와 환희歡喜를.

아메리카는 휘트먼의 나라로 알았건만

---

86) 이 책, p.240.

아메리카는 링컨의 나라로 알았건만
쓴 눈물을 흘리며
브라보……코리언 하고
흑인黑人은 술을 마신다.

(에베레트 에서)[87]

이 시 역시 미국사회의 균열을 겨냥하고 있다. 시인은 한 흑인과 빌딩들로 숲을 이루는 미국 도시의 거리를 걸으며 얘기를 하고 있다. 흑인은 "4월 10일의 부활제를 위하여/포도주 한 병을"살 정도로 궁핍하다. 그 흑인과 시인의 대화는 남북전쟁을 통하여 흑인노예 해방을 위해 싸웠던 "에이브러햄 링컨의 이야기"이다. 아마도 링컨의 이야기는 과연 오늘날 링컨은 미국흑인들을 진정으로 해방시켰는가 하는 논제였다. 물론 그 흑인과 시인의 대화의 결론은 그렇지 않다는 것이다.

나는 들었다 나는 보았다
모든 비애悲哀와 환희歡喜를.

아메리카는 휘트먼의 나라로 알았건만
아메리카는 링컨의 나라로 알았건만
쓴 눈물을 흘리며
브라보……코리언 하고
흑인黑人은 술을 마신다.

오늘날 미국은 휘트먼의 나라도 아니며 링컨의 나라도 아니라고 통찰한다. 흑인이 한국인 시인을 향하여 "브라보…… 코리언" 하고 외치는 그 말은 시인의 통찰에 대한 동감을 표현하는 것이다. 박인환에게

87) 이 책, p.229.

서 "술을 마신다"는 표현 역시 시적인 의미를 가지고 있음이 분명하다.[88]

흑인의 비애와 백인의 환희가 미국에 있다. 이 대위는 "많은 사람이 살고/많은 사람이 울어야 하는"이라는 표현에 이미 실현되어 있다. 사는 것과 울어야 하는 것은 대조적이다. 백인은 살고 있으며, 흑인은 살고 있지 못하고 울어야 하는 미국사회의 현 실상을 기술하고 있다. 그 아메리카의 하늘에는 흰 구름, 즉 오직 백인들의 구름만 있다. 시인은 그리하여 묻고 있다. "그것은 무엇을 의미하는가"라고. 이 물음은 비판의 다른 언어이다.

제2연에서도 여전히 박인환은 한국전쟁과 미국의 연관성을 망각하지 않고 기록하고 있다.

> 한국韓國에서 전사戰死한 중위中尉의 어머니는
> 이제 처음 보는 한국韓國사람이라고 내 손을 잡고
> 시애틀 시가市街를 구경시킨다.

그렇지만 그가 보는 시애틀의 시가에서 정작 보는 것은 무엇인가. 겉으로 보이는 미국사회의 외면이 아니라 미국사회의 심층을 내면적으로 사회학적으로 분석하는 종류의 것이다. 흑백 인종차별의 사회에 대한 비판이 있으며, 차별받는 흑인들에 대한 시인의 깊은 따스한 연민이 시의 심층에 흐른다. 박인환은 센티멘털리스트가 결코 아니었다.

미스터 몬은 어떠한 인물인가?

---

88) 「목마와 숙녀」에서 "한 잔의 술을 마시고"라는 표현과 마찬가지로 그 시적의미를 역시 면밀히 해석되어야 한다. 그것은 환상과 같은 것이다.

에버레트의 일요일日曜日

분란인芬蘭人 미스터 몬은
자동차自動車를 타고 나를 데리러 왔다.
에버레트의 일요일日曜日
와이셔츠도 없이 나는 한국韓國노래를 했다.
그저 쓸쓸하게 가냘프게
노래를 부르면 된다
……파파 러브스 맘보……
춤을 추는 돈나
개와 함께 어울려 호숫湖水가를 걷는다.

텔레비전도 처음 보고
칼로리가 없는 맥주도 처음 마시는
마음만의 신사紳士
즐거운 일인지 또는 슬픈 일인지
여기서 말해 주는 사람은 없다.

석양夕陽.
낭만浪漫을 연상케 하는 시간時間.
미칠 듯이 고향故鄕생각이 난다.

그래서 몬과 나는
이야기 할 것이 없었다 이젠
헤어져야 된다.[89)]

89) 이 책, p.236.

미스터 몬은 핀란드인[芬蘭人]이다. 미국으로 이민 온 사람이다. 박인환은 또 하나의 흑인인 핀란드인을 말하고 있는 것인가. "그저 쓸쓸하게 가냘프게/노래를 부르면 된다"라는 시어는 미스터 몬이 미국에서 고향을 버리고 이민생활을 하면서 어떠한 처지에 있는지를 표현하고 있다.

아마도 이 미스터 몬과 초면인 것은 아니다. 핀란드인 미스터 몬이 그를 자동차를 타고 데리러 왔다고 말하고 있다. 돈나는 미스터 몬의 가족인 모양이다. 음악 "파파 러브스 맘보" 즉 아버지는 어머니를 사랑하는 것이 아니라 맘보를 사랑한다. 그리하여 돈나는 개를 데리고 호숫가를 걷는다. 그 집에서 그는 "텔레비젼을 처음 보고/ 칼로리가 없는 맥주도 처음" 마셔보게 된다. 아마도 비만사회인 미국을 암시하는 듯하다.

「어느 날」이라는 시, 제2연에서 미스터 몬과 그 아내를 다시 얘기하고 있다.

> 미스터 몬은 트럭을 끌고
> 그의 아내는 쿡크와 입을 맞추고
> 나는 〈지렌〉 회사會社의 텔레비전을 본다.

「어느 날」보다 「에베레트의 일요일」이 먼저 씌여진 시이다. 이 「어느날」에서 몬과 아내는 각기 별도로 행위하고 있으며 나 역시 그러하다. 그리하여 곧 박인환은 미스터 몬의 집에서 나온 것이다. 속류현실주의의 시어가 아니다.

「에베레트의 일요일」 역시 미스터 몬과 정서가 잘 맞지 않았음을 말한다. 대화의 단절이 있었다. 미국에서 이민자들의 삶이 "즐거운 일인지 또는 슬픈 일인지/여기서 말해 주는 사람이 없다." "그래서 몬과 나는/이야기할 것이 없었다 이젠/헤어져야 된다."

미스터 몬은 미국사회의 또 하나의 전형이다. 흑인과는 달리 어느 정도 물질적 풍요를 누리고 있지만 자신의 삶이 즐거운 것인지 슬픈 것인지 판단하지 못하면서 내면적으로 황폐화된 유형의 사람들을 가리킨다.

Ⅷ. "대표시" 문제

1) 박인환의 "대표시"로 한국문학비평계 내에서 가장 널리 애송되고 있는 「목마와 숙녀」를 꼽는 데는 큰 이론이 없는 것 같다.[90] 대표시를 선정하는 것은 박인환의 시세계를 평가하는 태도와 깊은 관련이 있는데 한국문학비평계에서는 그 평가론이 구체적이지 않다.

이동하의 경우, 「세 사람의 가족」, 「회상의 긴 계곡」, 「일곱 개의 층계」, 「불행한 신」, 「한줄기 눈물도 없이」, 「검은 강」, 「부드러운 목소리로 이야기할 때」, 「검은 신이여」, 「살아 있는 것이 있다면」, 「서적과 풍경」, 「밤의 미매장」, 「여행」, 「목마와 숙녀」, 「세월이 가면」 등 총 14편.

김영철의 경우, 「목마와 숙녀」, 「세월이 가면」 「거리」, 「세 사람의 가족」, 「낙하」, 「불행한 신」, 「살아 있는 것이 있다면」, 「행복」, 「센티

90) 박태진은 "인환의 가장 대표작을 나로서는 「센티멘털 저니」를 치고 싶다"고 말한다. "나는 이 작품 속에 인환의 모든 것이 무리 없이 가장 인생적으로 슬프고 경쾌하게 담겨 있다고 본다. 나의 이 선택을 남들이 뜻밖으로 여겨도 좋다. 다음으로 무난한 것이 「전원」이다." 박태진, 「시인 박인환」, 김광균 외 공저, 『세월이 가면』, 근역서재, 1982, pp.82-90. 여기에서는 p.89. 「센티멘털 저니」는 바로 김수영이 박인환의 시를 비난할 때 그 대표적인 시의 예로 뽑았던 것이 아닌가. 박태진의 진술은 김수영의 판단에 대한 저항으로 읽힌다.

멘털 저니」, 「태평양에서」, 「여행」, 「어린 딸에게」, 「한줄기 눈물도 없이」, 「검은 강」, 「고향에 가서」, 「가을의 유혹」, 「전원」, 「열차」, 「남풍」, 「죽은 아포롱」 등 총 20편.

한편, 박민수는 「박인환 시의 모더니즘적 특성」이라는 논고[91]에서 박인환의 대표시가 「목마와 숙녀」나 「세월이 가면」이 아니라고 주장한다.

> 실제로 「목마와 숙녀」는 박인환이 생전에 직접 상재한 『선시집』의 몇 갈래 시적 경향 속에서 대표적인 것은 아니다. 박인환 자신도 『선시집』을 구성할 때, 「서적과 풍경」이라는 편명 속의 끝 부분에 위치시킴으로써 이 시를 크게 부각시키고자 하지는 않았다. 그런데, 이러한 「목마와 숙녀」가 박인환 시의 중심 자리를 차지하는 것은 1976년 가족들에 의해 상재된 시집 「목마와 숙녀」에서부터이다. 시집 「목마와 숙녀」에 이르면, 시 「목마와 숙녀」가 구성상 『선시집』의 「서적과 풍경」 편을 대신한 「목마와 숙녀」 편의 첫머리로 옮겨진다. 이것은 시집의 제목, 편명, 그리고 시의 수록 순서 변화 등 몇 가지 면에서 「목마와 숙녀」를 새롭게 부각시킨 것으로, 그 의도가 문학성보다는 다분히 「목마와 숙녀」가 지니고 있는 대중적 호소력을 이용함으로써 보다 넓은 독자의 확보를 염두에 두었던 것으로 보인다. 이러한 의도가 그 후 박인환 시의 평가에 있어 「목마와 숙녀」를 대표적인 것으로 이해하는 감정적 오류를 초래했다고 볼 수 있다.[92]

1955년 박인환은 자신의 시집 『선시집』을 낸다. 그런데 이 『선시집』

---

91) 박민수, 『한국현대시의 리얼리즘과 모더니즘』, pp.195-224. 이 논문은 『현대시 사상』(1993, 봄호)에 실렸던 것을 재수록한 것이다.

92) 박민수, 『한국현대시의 리얼리즘과 모더니즘』, pp.197-198.

에서 초기에 그가 썼던 시들 중에서 싣지 않은 여러 편의 시들이 있다.

초기 시들은 다음과 같다:

(1) 거리(1946), (2) 남풍(1947), (3) 나의 생애에 흐르는 시간들(1948), (4) 지하실(1948), (5) 인도네시아 인민에게 주는 시(1949), (6) 열차(1949), (7) 정신의 행방을 찾아(1949), (8) 인천항(1949), (9) 장미의 온도(1949)

이상의 시들 중 (2), (4), (5), (6), (8), (9)는 『새로운 도시와 시민들의 합창』에 수록된 시들이며, 이들 9편의 시 중 『선시집』에는 (3), (9) 이 두 편만 실려 있다. 9편의 초기시들 중에서 단지 두 편만 자신의 『선시집』에 실었던 까닭은 무엇일까. 박민수는 박인환의 사상적 변화 때문이라고 판단한다. "초기 시에 대해 갖는 불만 때문"에 박인환은 오직 (3)과 (9) 두 편만 1955년의 『선시집』에 선별했다는 것이다.[93]

박인환은 초기 시들에서는 "비판적 현실주의"를 표방하고 있었으나 전쟁을 거치면서 이를 포기하고 허무주의로 빠져든다는 논지를 박민수는 편다. 물론 이같은 판단이 타당한지는 작품을 구체적으로 해석하고서야 결정될 수 있는 성질의 것이다.[94]

그런데 짚고 넘어가야 할 본질적인 의문이 있다. "대표시"를 선별하는 것 그 자체가 시론적으로 정당한가 하는 의문을 말한다. 대표시가 있다면 비대표시들은 무엇인가? 애송시나 인기 있는 시가 곧 대표시는 아닐 것이다. 무엇을 대표하는 것인가 - 시인을 대표하는 것인가, 아니면 그 시인의 다른 시들을 대표하는 것인가. 인간의 삶은 어느 순간도

93) 박민수, 『한국현대시의 리얼리즘과 모더니즘』, p.202.

94) 박민수에 의하면 박인환 초기시들에서 확인되는 비판적 현실주의는 1920년대의 카프나 해방 후 카프 계열에 의해 재편성된 문학가 동맹 그룹의 사회주의적 현실주의와는 다른, 1920년대의 초기 석송 김형원의 시적 갈래와 맥을 같이하는 것으로 이해된다. 박민수, 『현대시의 사회시학적 연구』, 느티나무, 1989, pp.140-153; 박민수, 『한국현대시의 리얼리즘과 모더니즘』, p.204.

중요하지 않은 때가 없으며 사소하지 않고, 서사적 존재로서 인간은 어느 한 순간이 전체를 대표(재현)할 수 없다. 시인과 그 시세계를 총체적으로 이해해야 한다.

2) 박인환이 영화에 열광했다는 사실은 잘 알려져 있다. 박인환 시에서는 시각적 이미지가 매우 강하게 살아 있다. 그렇지만 박인환의 이같은 단순한 시세계조차 정당하게 이해되지 못하는 비평이 적지 않다.

> 1930년대의 모더니즘의 시에서는 시각적인 이미지를 나타내어 대상을 회화와 같이 그린다. 그러나 박인환에 있어서는 아무런 시각적 이미지를 발견할 수 없고, '회화'란 말은 시 속에서 어떤 의미를 지니는 말로서의 역할을 하고 있지 않다. 많은 박인환의 시는 1930년대 모더니즘 시의 아류이면서 차라리 1930년대의 모더니즘 시가 이루어 놓은 것만큼의 시각적 이미지 제시도 못한 채 언어의 낭비만을 하고 있다.[95]

박철석은 박인환의 시를 논하는 자리에서 박인환의 위상을 김기림과 비교한다.

> 「신시론」 동인들의 주장이 김기림의 것과는 다른 점은 김기림은 신선한 감각으로써 문명이 던지는 인상을 그리는 것과는 달리 「신시론」 동인들은 현대문명을 병적 체질이 있는 것으로 보고 이를 비판한다. 이러한 현상은 프로이드와 오든의 입김이라 할 수 있는 바, 이러한 징후는 김경린보다 박인환이 강렬했던 것으로 풀이된다.[96]

---

95) 이주형, 「박인환 시고」, 『국어교육연구』 제10집, 1978, 이동하, 『박인환』, p.147에서 재인용을 박민수, 『한국현대시의 리얼리즘과 모더니즘』, p.217에서 재인용. 전체적으로 볼 때, 박민수는 박인환의 전쟁 이후의 시를 평가할 때 이동하의 인상비평을 그대로 받아들인다.

96) 박철석, 『한국현대시인론』, 학문사, 1983, p.276. 박철석 역시 김수영의 박인

외래어사용은 박인환에 고유한 것은 아니었다. 김기림, 김광균에게도 이미 나타난다. 스그날, 에메랄드, 트럼펫, 같은 외래어나 신문지의 경사, 주장의 사육제, 환영의 침대, 오욕의 도시, 황혼의 도시, 황혼의 망명객 등이 곧 천박하고 과장된 언어와 비유가 되는 것은 아니다.[97]

박인환 스스로 김기림과 이상에 대해서 분명한 자신의 입장을 밝힌다.

> 최근 새로 시를 쓰는 대부분이 김기림씨와 이상씨의 영향이 많습니다. 저는 이분들이 지금 살아 있지 않는다고 해서 말하는 것이 아니며 그분들의 업적에 지대한 존경을 표하는 사람의 한 사람이지만 이분들은 시대적으로 오늘에 있어서는 유물적 가치밖에 없다고 생각합니다. 단지 그 '신기'와 '곡예'에 무한한 애착을 느껴왔고 그 '신기'에는 정신과 행위가 동반되지 않았습니다.[98]

박인환은 자신의 시세계가 "현대의 정치와 사회의 심연에서 허덕이는 인간의 정신과 행위를 노래"하는 데 있다고 선언함으로써, 현실의 질곡을 표현하지 않는 김기림과 이상의 모더니즘과 질적으로 상이함을 밝히고 있다. 이 점에서 박인환의 모더니즘은 스펜더나 오든의 시세계와 친화성을 가진다.

3) 전쟁문학으로서의 종군문학

한국전쟁 당시 한국 측에서는 종군작가단은 크게 공군종군작가단, 해군종군작가단, 육군종군작가단이 있었다.

환 평가를 비판하지 않고 기본 논지로 박인환 비평에 활용하고 있다.

97) 박철석, 『한국현대시인론』, p.277을 참조하라. 언어는 총체적 맥락에서만 그 의미가 전달되고 논평될 수 있다.

98) 박인환, 「현대시의 변모」, 『신태양』, 1955, pp.222-223을 전기철, 『한국 전후 문예비평 연구』, pp.157-158에서 재인용.

(1) 공군종군작가단은 마해송을 단장으로 대구에서 1·4후퇴 직후 결성되었다. 「창공구락부」가 그 이름이다. 조지훈, 최인욱, 최정희, 유주현, 곽하신, 박두진, 박목월, 김윤성, 이한직, 이상로, 방기환, 김동리, 황순원, 전숙희, 박훈산 등. 『창공』지를 발행했다.

(2) 대구에서 최독연을 단장으로 육군종군작가단이 결성되었다. 김기진, 김송, 최태응, 조영암, 장덕조, 정비석, 박영준, 박인환, 방기환, 이덕진 등. 『전선문학』지를 발행했다.

(3) 부산에서 이선구를 단장으로 해군종군작가단이 결성되었다. 육백남, 염상섭, 이무영, 박계주, 안수길, 이종환, 박연희 등.

종군문학을 어떻게 볼 것인가?[99]

(1) 종군문학은 순수문학이 될 수 없음을 인정하고, 목적문학으로서의 역할을 수행해야 한다는 입장이 있다. 김기완, 「전쟁과 문학」, 『문예』, 전시판, 1950. 12; 임긍재, 「전시하의 한국문학자의 책무」, 『전선문학』, 1952. 4; 김기진, 「전쟁문학의 방향」, 『전선문학』, 1953. 2; 이무영, 「전쟁과 문학 - 속 고민의 문학」, 『전선문학』, 1953.5.

아마도 김기진의 다음과 방향설정은 이같은 입장의 종군문학을 대표할 것이다.

> 첫째, 적의 공산주의 사상이 여하히 그것이 교묘하게 구성되었던 간에 그 사상의 내면에 있는 비합리성, 허위성을 폭로하고 그 모순을 지적하고 그 반진리임을 적발하여 독자대중을 그들의 기만에서 격리해야 하며 동시에 그 사상의 기계적, 공식적 체계를 격파하여야 한다.
>
> 둘째, 우리들의 전쟁문학은 퇴폐적인 경향을 완전히 해탈하여야 한다.
>
> 세째, 희망적인 것이 된다.

---

99) 종군문학과 전쟁문학을 구별할 필요가 있다. 후자는 전쟁에 관한 문학이라면 종군문학은 종군작가단의 문학을 지칭한다.

네째, 인간성의 부활과 개조에 힘써야 한다.

다섯째, 싸우고 있는 우리의 문학은 싸우는 마당과 그 마당 뒤에서 거두어지는 이야기이다. 그런고로 여기에는 특별히 강조할 필요도 없이 저절로 조국애, 동포애, 전우애가 골자가 된다.[100)]

좋은 문학, 힘찬 문학, 즐거운 문학, 희망을 갖게 하는 문학, 위대한 창조에 이바지해 주는 문학 등으로 표현되는 종군문학은 "적탄에 쓰러져 숨을 걷는 그 순간까지도 민족의 행복, 인류의 복지를 위해서 싸웠다는 위대한 기쁨을 간직해야 할 것"이라 한다.[101)]

(2) 이와는 다른 입장에 서 있는 종군문학관이 있다. 대표적인 인물은 조지훈, 곽종원, 조연현 등이다. 조지훈, 「시의 전기에 대하여」, 『시문학』, 1951. 6; 곽종원, 「문학정신의 확립」, 『자유세계』, 1952.1; 곽종원, 「6.25 동란 이후의 작단개관」, 『신천지』, 1953.4; 조연현, 「한국전쟁과 한국문학」, 『전선문학』, 1953.5.

이 중에서도 특히 조지훈의 논술이 가장 주목할 가치가 있다. 그것은 세 가지를 제시하고 있다.

첫째, 포에지의 적극성이다. 이는 힘을 동반하는 슬픔을 통해 비장미를 얻고 그 비장미의 건설로 시의 모랄리티(휴머니티)를 제고하여 전란의 불안을 체득해내야 함을 의미한다.

둘째, 새로운 생활의 의미이다. 이는 시인들이 무익한 사상 논쟁을 지양하고 생명의 종합성, 삶의 전체성을 체득해 내야 함을 뜻한다.

셋째, 세계를 보는 눈이다. 즉 전쟁을 통해서 양대 이데올로기의 세

---

100) 김기진, 「전쟁문학의 방향」, 『전선문학』(1953. 2), pp.60-63을 전기철, 『한국 전후 문예비평 연구』, p.259에서 재인용.

101) 이무영, 「전쟁과 문학 - 속 고민의 문학」, 『전선문학』(1953.5), p.7을 전기철, 『한국 전후 문예비평 연구』, pp.259-260에서 재인용.

계가 공동 운명체를 갖게 되었다는 인식이다.[102]

이 두 입장 가운데 박인환은 후자 쪽에 서 있다. 박인환은 종군작가단의 일원이었지만 전쟁을 단순히 적을 파멸시키는 동지의 목적에 절대적으로 복종하지 않았다. 한국전쟁을 문학적으로 표현하는 문학의 과제를 그는 결코 망각하고 있지 않았다는 점에서 높이 평가받을 가치가 있다.

4) 미국여행시

이 당시 미국을 노래한 시로서, 우리가 읽어보았듯이, 그렇게 비판적 균형을 유지하고 있는 시인을 만나기란 쉽지 않다. 박인환의 시세계가 무엇을 지향하고 있었는지를 알 수 있는 매우 중요한 맥락이다.

IX. 고독과 죽음

박인환은 시인으로서 고독했다. 그는 생전에 정당하게 이해되지 못했고, 그의 죽음은 고독했다. 그는 서구의 모더니즘에서 많은 것을 배웠지만 서구의 모더니즘을 추상적으로 단순하게 반복하지는 않았다. 그는 시인으로서 시작에서 창의성을 본질적인 것으로 삼았다.

박인환의 『선시집』(1955년) 제1부 "서적과 풍경"속에 들어 있는 「기적인 현대」[103]라는 시는 청록파 시에 대한 비판을 담고 있는 시이다. 총 4연으로 구성되어 있다. 제1연에서 "〈시인〉 가엾은 곤충이여"라는 시어를 이해하려면 시인이라 하지 않고 〈시인〉이라고 표현한 것에 주목해야 한다. 시인 일반을 말하는 것이 아니라 특정한 시인을 겨냥하

102) 전기철, 『한국 전후 문예비평 연구』, pp.260-261.

103) 이 책, p.182.

는 표현이다. 그것은 자연을 이상적인 것으로 삼고 자연을 노래하는 시인을 말한다. 구체적으로는 박인환이 대결하려고 했던 청록파 시인들인 것 같다. 박인환은 그 당시 한국시의 패러다임을 형성하고 있었던 청록파와 대결하면서 완전히 새로운 시 패러다임을 표현하려 했던 것이다. 박인환은 도시의 시인이었다. 자연의 시인이 "가엾은" 까닭은 "집 집 굴뚝에서 솟아 나는 문명文明의 안개"가 가득한 도시에서 살아갈 수 없기 때문이다. 자연과 시골의 시인의 시대("연대")는 이제 지나갔다고 도시의 시인은 선언한다. 제2연은 이를 구체적으로 표현한다.

> 오래 토록 네 욕망慾望은 사라진 회화繪畵
> 무성茂盛한 잡초원雜草園에서
> 환영幻影과 애정愛情과 비벼대던
> 그 연대年代의 이름도
> 허망虛妄한 어제 밤 버러지.

"허망虛妄한 어제 밤 버러지"는 허망한 어제의 밤을 의미하는가, 아니면 허망한 밤벌레를 의미하는가?(1976년 『목마와 숙녀』 판에서 "虛妄한 어젯밤 버러지"로, 2002년 미래사 판에서는 "허망한 어젯밤 버러지"로 조판했다.) 1955년 『선시집』 판 그대로 "허망한 어제 밤 버러지"로 하는 것이 옳다. 밤벌레는 밤에 활동하는 벌레이며, 밤에는 빛이 없고 풍경은 회화의 대상이 되기 어렵다. 시인은 자연의 시인이 자연의 풍경을 노래하면서도 기실은 자연을 정확하게 본 것이 아님을 고발하고 있다.

제3연에서 시인은 현대성의 특징을 잡아낸다. 자연의 "연대"가 가고(제11행-제12행), "속력"을 특징으로 하는 조형의 시대가 왔다는 것이다. 제4연에서는 "동양의 하늘"이 "기적인 현대"라 말하고 시인은 이 현대성이 지배하는 동양의 하늘을 노래할 것임을 선언하고 있다. 동양을 얘기하며 전근대성을 노래하는 시대착오적 판단을 그는 비판했다.

「장미의 온도」. 총 3연으로 구성되어 있다. 이 시는 1949년 4월에 출판된 『새로운 도시와 시민들의 합창』이라는 신시론 동인지에 「열차」, 「지하실」 등과 함께 실은 시로서 박인환의 초기 시의 하나이다.

나신裸身과 같은 흰 구름이 흐르는 밤
실험실實驗室 창窓 밖
과실果實의 생명生命은
화폐貨幣모양 권태倦怠하고 있다.
밤은 깊어가고
나의 찢어진 애욕愛慾은
수목樹木이 방탕放蕩하는 포도鋪道에 질주疾走한다.

나팔喇叭소리도 폭풍暴風의 부감俯瞰도
화변花辯의 모습을 찾으며
무장武裝한 거리를 헤맸다.

태양太陽이 추억追憶을 품고
안벽岸壁을 지나던 아침
요리料理의 위대偉大한 평범平凡을
Close-up한 원시림原始林의
장미薔薇의 온도溫度[104]

시인은 실험실에 있다. 아마도 박인환은 의과대학 시절 실험실에서 밤늦게까지 시험하였으리라. 실험하는 이 학도는 실험에 지쳐 있는 모

---

104) 이 책, p.270.

양이다. 문득 실험실 창 밖으로 시선이 나아가는데, 그곳에 비친 나무에 과실이 열려 있는 자연의 풍경이 눈 속으로 들어오지만 그것이 시인을 자극하지는 못한다. 그리하여 시인의 권태는 밤이 깊어갈수록 깊어가고 현대성, 도시성의 풍경만이 시인을 강하게 유혹한다. 물론 그것은 어디까지나 상상력의 힘이다. 제2연에서 이렇게 현실적 상상의 도시적 풍경 속을 보는 시인의 시선이 급진화된다. 그것 역시 독서의 공간, 서적의 공간이다. 제2연에서는 도시적 현대적 삶이 폐허 속에 있으므로, 그것을 극복할 가능성을 열어 보인다. "나팔소리", 사람들을 군집하게 하는 부르는 음성이며, "폭풍의 부감", 폭풍이 높은 곳에서 아래를 멀리 굽어 내려보며 응시하는 것이며 모두 "화변의 모습을 찾으며/무장한 거리를 헤맸다."

제3연에서는 드디어 밤이 지나고 아침을 맞이하여 태양이 떠오른다. 폭풍의 부감이 이미 암시하고 있지만 폭풍이 몰아쳤던 그 높은 산 암벽을 이제 태양이 지나면서 온도를 높이고 있다. 김수영이 비난했던 그 표현, 이 시에서 핵심어의 하나인 "온도"의 의미론적 연관성이 살아난다. 요리는 열기로써 예컨대 과실을 익히는 것을 본질로 하며 그것은 요리의 위대한 평범이다. 태양이 없는 어두운 밤 실험실에서 실험을 하고 있었을 때 과실은 오직 생명이기는 하나 권태하고 있었을 뿐이었고 실험실 밖에서 폭풍 다음에 자양분을 받은, 태양의 열기를 받은, 과실의 생명은 본래적 역할을 수행한다. "장미의 온도"는 진리를 실천하는 공간적 장의 변화를 선언하는 언어이며, 일종의 자화상이다.[105]

---

105) 장미는 박인환이 좋아했던 시인의 한 명이었던 릴케의 시에서 온 것 같다. 양성우는 이 시를 실패한 시로 해석하는 것 같다. 그의 감상은 이렇다. "그는 '시대성의 망각'과 '시의 역사적 전통을 무시하는' 자세로 '시의 성립'을 시도하였으며, 이에 따라서 그는 첫발부터 부단히 시적 구상화의 완전한 '자유'의 획득을 꾀하였습니다. 그럼에도 불구하고 그의 이러한 태도는, 그가 진정으로 바라는 것과의 일치를 가져올 수 없었으며, 오히려 이 "장미의 온도"에서 볼

1955년 『선시집』 마지막 부의 표제어는 "서정抒情 또는 잡초雜草"이다. 박인환의 시는 장미의 시가 아니라 잡초의 시라 말할 수 있다. 또는 잡초의 시로서의 서정시를 박인환은 노래했다고 말할 수 있다. 프랑크푸르트학파 아도르노는 아우슈비츠 이후 서정시를 쓸 수 없다고 말한 바 있는데 박인환은 이같은 파악에 가까이 서 있었다. "검은 준열의 시대"에서 단순한 서정시를 쓰고 시인임을 자부할 수 없는 터였다.

박인환의 「전원田園」[106]은 일견하면 매우 "서정적"인 인상을 받는다. 하지만 제4부 "서정 또는 잡초"에 포함된 다른 시들과 마찬가지로 역서정적이다. 제1연에서 "지난 시인"이란 박인환의 시가 새로운 것임을 시사한다. "나의 꿈길", 시인이 현실을 살아가는 그 역사적 공간에서는 결코 지난 시인들, 예컨대 청록파의 시인들과 합류할 수 없다. 어쩌면 청록파가 노래하는 그 세계란 현실과 역사의 폐허가 치유된 다음에서야 만날 수 있을지 모른다. "나의 꿈길에서 부딪혀 본다." 그렇지만 그런 상상조차 허락하지 않을 현실의 엄중함이 시인 앞에 있다. 시인의 삶의 공간은 "적막한 곳엔 살 수 없고"이며 "겨울이면 눈이 쌓일 것"을 서정적으로 찬양해야 하는 것이 아니라 오히려 "걱정"해야만 하는 곳이다. 가을, 하지만 겨울로 넘어가는 깊은 가을이다. 박인환은 가을을 어떻게 시어화 하는지를 분명하게 알 수 있는 시인이다. "한간 방은 잘 자리도 없이/좁아진다." 달리 표현하면, 밖의 차가운 바람이 방으로 스며 들어오지만 잠을 청할 수 있게 군불을 지필 수도 없는 처참한 삶이다. "낙엽 소리에/나의 몸은/점점 무거워진다."박인환이 즐겨 사용했던

수 있는 바와 같은 '시상의 산만성'과 한자어 투성이의 경박한 표현으로 인하여 관심 있는 이들의 날카로운 비판을 피할 수 없었던 것이지만, 또 한편으로는 이런 과정이 바로 그 뒤의 이 시인의 변화시키고 성장시키는 밑거름의 역할을 했다고 말할 수 있겠습니다." 양성우, 『박인환. 시가 있는 명상 노우트』, 일월서각, 1987년, p.139.

106) 다인아트판, p.277.

핵심시어의 하나인 낙엽 역시 센티멘털리즘적 언어가 아니라 현실의 어두움을 담는 표현이다.

이 「전원」은 I, II, III, IV라는 연 구분이 분명하게 표시되어 있다. 이것은 어떠한 시어인가? 이미 지적한 바와 같이 제I연에서 시인의 시점은 겨울로 곧 넘어가는 늦가을이다. 자연의 시간에 따르면 제II연에서 우리는 시인이 겨울을 노래할 것으로 기대할 것이다. 그렇지만 시인은 II연에서 만하(晩夏)의 시점으로 잡고 있다. 자연의 시간이 전복되고 있다. 만하이면 곡식이 익어갈 무렵이 아닌가. 그렇지만 시인이 보고 있는 만하의 풍경은 처참하다. 그것을 "늙은 농촌의 황혼"으로 표현하고 있다. 시인은 농촌이 늙었다고 말하고 있고, 그 농촌이 황혼에 접어들었다고 진단한다. 시인은 바로 이 농촌의 빈곤을 자신과 동일시한다. "언제부터 시작 되고/언제 그치는/나의 슬픔인가."라고 말하고 있는 것이다. 여기에서 "시작 되고"라는 표현이 시작되고의 단순히 오식인가, 아니면 "詩作 되고"인가? 나는 이 양자 모두를 표현하고 있다고 판단한다. 애매성의 표현을 모더니즘의 시인은 사용하지 않는가. 제II연 마지막 문장은 "전선 위에서/제비들은/바람 처럼/나에게 작별한다." 제비들이 단순히 계절이 변하여 이동한다는 것이 아니라, 의미론적으로 차가운 이곳을 떠나, 따스한 남쪽으로 떠나가는 것을 시어화하고 있다.

III연에서 다시 만하의 시점보다 거슬러 "칠월"을 노래한다. 제III연에서 시인은 시인의 죽음을 얘기한다. 7월, 이 때만큼은 시인은 그래도 자연 속에서 희망이 있는 듯하지만, 친구가 떠나 버린 어두움이 있다. "떠난 친구의 목소리가 강물 보다도 내 귀에 서늘하게 들리고 여름의 호흡이 쉴 새 없이 눈 앞으로 지낸다." 이런 흐름에서 제IV연이 이어진다.

박인환은 이상을 "좋아했던" 것으로 이해되어 왔다. 박인환은 이상을 어떻게 보고 있는가. 이를 분명하게 알 수 있는 것은 그가 남긴 시 「죽은 아포롱」이다.

죽은 아포롱

이상李箱 그가 떠난 날에

오늘은 3월 열이렛날
그래서 나는 망각忘却의 술을 마셔야 한다
여급女給 '마유미'가 없어도
오후午後 3시 25분에는
벗들과 '제비'의 이야기를 하여야 한다.

그날 당신은
동경제국대학東京帝國大學 부속병원附屬病院에서
천당天堂과 지옥地獄의 접경接境으로 여행旅行을 하고
허망虛妄한 서울의 하늘에는 비가 내렸다.

운명運命이여
얼마나 애태운 일이냐
권태倦怠와 인간人間의 날개
당신은 싸늘한 지하地下에 있으면서도
성좌星座를 간직하고 있다.
정신精神의 수렵狩獵을 위해 죽은
'랭보'와도 같이

당신은 나에게
환상幻想과 흥분興奮과

열병熱病과 착각錯覺을 알려주고
그 빈사瀕死의 구렁텅이에서
우리 문학文學에
따뜻한 손을 빌려준
정신精神의 황제皇帝.

무한無限한 수면睡眠
반역叛逆과 영광榮光
임종臨終의 눈물을 흘리며 결코
당신은 하나의 증명證明을 갖고 있었다
'이상李箱' 이라고.[107)]

박인환은 이상이 자신에게 무엇이었는지를 밝히고 있다. 제4연에서 "당신은 나에게/환상과 흥분과/열병과 착각을 알려주고/그 빈사의 구렁텅이에서/우리 문학文學에/따스한 손을 빌려준/정신의 황제"라 노래한다. 여기에서 우리는 박인환은 "나"(박인환)와 "우리 문학"을 구별하고 있음을 유의해야 한다. 이상은 "우리 문학"에게는 "따스한 손을 빌려준 정신의 황제"였지만 박인환 자신에게는 "환상과 흥분과 열병과 착각"을 주었다 한다. 박인환은 이상의 시세계와 작별을 선언하는 것으로 이 시를 시작한다. "오늘은 3월 열이렛날/그래서 나는 망각忘却의 술을 마셔야 한다."는 시어는 이제 이상을 잊어야 한다는 것이다. 망각의 술은 이상과의 작별을 시사한다. "3월 열이렛날" "오후 3시 25분에는" 이상의 삶에 대해서 얘기하지만 그 잠시 동안을 제외하면 이제는 이상에 대해서 얘기하지 않는다는 선언이다. 이제 이상은 영원히 잠들었고, 궁극적으로 "임종", 살아있을 박인환과 영원히 고별하는 것이다. 그것은 "이상李箱", 끝이었다. 이 시의 제목 "죽은 아포롱"은 "아포롱"의, 이상

107) 이 책, p.298.

의 사실적 사망을 말하는 것이 아니라 이상의 시세계 그 자체가 죽었다는 선언문의 압축이다. 낡은 것이 가고 새로운 것이 왔다는 선언이었다.

앞에서 이미 읽어보았던 박인환의 「부드러운 목소리로 이야기할 때」[108]라는 시는 박인환의 시 정체성을 파악할 수 있는 사례의 하나다. 시인은 이 시에서 "부드러운 목소리"를 비판하고, 거칠고 어려운 목소리를 주장한다. 아마도 박인환은 엘리어트(T.S. Eliot)의 모더니즘을 반영하고 있다. 엘리어트가 "난해시"를 주장했듯이, 박인환은 어려운 목소리의 시를 선언한다. "부드러운 목소리로 이야기할 때"가 지나갔다는 선언이다. 제1연에서 그렇게 한다면 "한줄기 소낙비"가 시인의 얼굴을 내리칠 것이라 경고한다. 제6연에서 시인은 구체적으로 "쉬운 시"를 거부함을 밝힌다. 세계는 난해하고, 즉 어렵고, 생활은 복잡한데 시인이 쉬운 시를 부드러운 목소리로 쓸 수 있겠는가, 하고 반문한다. 시인은 전쟁이나 사나운 애정을 잊어서는 안되며 기억해야 한다. 그 기억은 쓰디쓰다.

시인은 어디에 있어야만 하는가? 시인은 스스로 자신의 위치를 확인한다. 그 위치는 "언제나 샘물처럼 흐르는/그러한 인생의 복판"도 아니며, "적막처럼 잔잔한/그러한 인생의 복판"도 아니며, "넓고도 간혹 좁은 인간의 단상"도 아니다.

시인은 "이 쓸쓸한 들판/아니 이지러진 길목 처마 끝"에 서야 한다.

박인환의 「의혹의 기」, 이 시는 양립성에 대해 얘기한다. 마지막 연에서 "잊을 수 없는 의혹의 기/잊을 수 없는 환상의 기", 기의 양립성, 애매성, 그런 한에서, 기는 의혹의 기이다. 제1연에서 그것은 주검과 관념의 거리를 알린다고 했을 때, 기의 이중성, 즉 주검과 관념 사이를 왔다 갔다 하는 운동을 말한다. 그 거리는 매우 짧다. 바람이 거셀수록 그

108) 이 책, p.262.

거리는 더욱 짧아진다. 바람의 거셈은 기의 퍼덕임으로 표현된다.

주검이냐 관념(사념)이냐. "허나 우리는 죽음을 원치 않는다."(제8행) 그러므로 길은 분명하다. 죽음을 가까이 하는 관념(사념)의 길이 있을 뿐이다. 제2연에서 이 길에 대해서 말한다. 낙엽이 바람에 흩어지고 합쳐지듯이 청년은 싸움과 떨어지는 것이 아니다. 그런 한에서만 "오늘과 그 미래는 확립된 사념이 없다". 역설적으로 그 사념은 확고하다 하겠다.

제5연에서 시인은 자신이 어떠한 길을 걸어갈 것인지를 밝히고 있다. 그 길은 어두움에서 암흑으로 걸어간 애정의 뱀의 길은 아니라 한다. 오히려 그의 길은 확립된 길이 아니라 주검과 관념, 죽음과 사념 사이를 왔다 갔다 하는 "혼란된" 길이다. 다음의 시어는 이 길을 제시한다.

> 잊을 수 없는 의혹疑惑의 기旗
> 잊을 수 없는 환상幻想의 기旗
> 이러한 혼란混亂된 의식意識 아래서
> 〈아포롱〉은 위기危機의 병을 껴안고
> 고갈枯渴된 세계에 가라앉아 간다.

의식이 혼란되는 까닭은, 그것이 잊을 수 없는 의혹의 길이기 때문이다. 더 정확하게 말하면 잊을 수 없는 의혹의 길과 잊을 수 없는 환상의 길 사이를 왔다 갔다 하는 의혹의 길이기 때문이다. 고갈된 세계에 가라앉아 가지만, 병을 껴안고 있으므로 오히려 그렇게 함으로써만이 침몰하지 않는다. 시인은 사회와의 적극적인 투쟁의 의지를 표명하고 있다. 그것은 주저하는 회의하는 패배주의가 아니라 적극적인 투쟁의 정치력이다.

그런데 왜 "'아포롱"'인가. 박인환은 자신의 시가 새로운 정신의 황제

임을 자부했던 것이다. 물론 아폴로라고 하지 않고 아포롱으로 표현을 쓴 까닭은 아폴로의 불어 표현에서 아포롱은 미청년이라는 의미를 담고 있는 점을 고려했던 것으로 보인다. 젊은 아름다운 청년 시인으로서 박인환은 새로운 시 정신을 스스로 주창하고 있었다.

박인환은 자신의 시가 새로운 것으로 자임했다. 시 「일곱 개의 층계」 역시 이러한 시사상의 시였다.

일곱 개의 층계層階

가만히 눈을 감고 생각하니
지난 하루 하루가 무서웠다.
무엇이나 거리낌 없이 말 했고
아무에게도 협의協議해 본 일이 없던
불행不幸한 연대年代였다.

비가 줄 줄 내리는 새벽
바로 그때이다
죽어 간 청춘靑春이
땅 속에서 솟아나오는 것이……
그러나 나는 뛰어 들어
서슴없이 어깨를 거느리고
악수握手한 채 피 묻은 손목으로
우리는 암담暗澹한 일곱 개의 층계層階를 내려갔다.

「인간人間의 조건條件」의 앙드레 말로
「아름다운 지구地區」의 아라공

모두들 나와 허물 없던 우인友人
황혼黃昏이면 피곤疲困한 육체肉體로
우리의 개념槪念이 즐거이 이름불렀던
〈정신精神과 관련關聯의 호텔〉에서
말로는 이 빠진 정부情婦와
아라공은 절름발이 사상思想과
나는 이들을 응시凝視하면서……
이러한 바람의 낮과 애욕愛慾의 밤이
회상回想의 사진寫眞처럼
부질하게 내 눈 앞에 오고 간다.

또 다른 그날
가로수街路樹 그늘에서 울던 아이는
옛날 강江가에 내가 버린 영아嬰兒
쓰러지는 건물建物 아래
슬픔에 죽어 가던 소녀少女도
오늘 환영幻影처럼 살았다
이름이 무엇인지
나라를 애태우는지
분별分別할 의식意識조차 내게는 없다

시달림과 증오憎惡의 육지陸地
패배敗北의 폭풍暴風을 뚫고
나의 영원永遠한 작별作別의 노래가
안개 속에 울리고
지낸 날의 무거운 회상回想을 더듬으며
벽壁에 귀를 기대면

머나 먼
운명運命의 도시都市 한복판
희미한 달을 바라
울며 울며 일곱 개의 층계層階를 오르는
그 아이의 방향方向은
어데인가.[109]

시인은 이 시에서 "나의 영원한 작별의 노래"를 한다. 작별, 그렇다. 이상과의 작별도 그렇지만, 앙드레 말로, 아라공과의 영원한 작별을 선언하는 것이다. 제1연은 바로 이 작별을 고백하고 있다. 박인환은 정직하게 말하였다는, 말한다는 점을 새삼 밝히고 있으며, 자신의 시세계가 그 어떤 다른 이들과의 "협의", 즉 앙드레 말로, 아라공, 혹은 오든, 혹은 이상, 그 어느 누구를 모방하고 있지 않다는 것을 말한다. 그러므로 시인 박인환은 "고독"하다. 박인환은 이들로부터 영향을 받지 않으려 하는 적극적인 의지를 제2연에서 표명하고 있다. "영향의 불안"(H. Bloom) 때문이리라. "죽어간 청춘", 박인환 스스로 이들과 작별하겠다고 선언했지만 새로운 시는 다가오지 않고 아마도 뜬 눈으로 밤을 세우고 새벽이 되었을 무렵, 시인 스스로 죽인 그 "죽어간 청춘"을 모방하려는 유혹에 빠져드는 자신의 모습을 정직하게 그려내고 있다. 박인환은 그들을 지하로 끌고 들어간다. "그러나 나는 뛰어들어/서슴없이 어깨를 거느리고/악수한 채 피 묻은 손목으로/우리는 암담한 일곱 개의 층계를 내려갔다."고 박인환은 말한다. 암담한 일곱 개의 층계를 내려가는 것은 그 죽어간 청춘만은 아니다. 그 속에는 박인환도 포함되어 있다. 박인환은 "죽어간 청춘"에의 유혹을 느끼는 또 하나의 자아를 스스로 부정하고 있는 것이다. 이것이 더 본질적이다. 박인환은 이렇게 단호하게 죽어간 청춘에의 유혹을 느끼는 자아를 죽게 하고 그것과

109) 이 책, p.179.

영원한 작별을 결단하고 "나의 영원한 작별의 노래"를 부르는 것이다. 이 새로운 시세계의 지평 위에서 박인환은 자신의 시세계가 "가로수 그늘에서 울던 아이"로 부르는 시세계 - 박인환이 한때 이러한 시세계를 가졌으나 "옛날 강가에서" "버렸던" 시세계 -, 또한 "쓰러지는 건물 아래/슬픔에 죽어가던 소녀"의 시세계, 그리고 "머나먼/운명의 도시 한 복판/희미한 달을 바라/울며울며 입곱 개의 층계를 오르는" 아이의 세계 - 박인환이 단절을 선언했던 그 시세계 -를 부정하고 있다. 박인환은 이들 시세계와는 전혀 다른 새로운 시세계를 자각하고 있었다.

박인환은 자신의 새로운 시세계를 「불행한 신」이라는 시에서도 표현한다.

오늘 나는 모든 욕망慾望과
사물事物에 작별作別하였습니다.
그래서 더욱 친親한 죽음과 가까워집니다.
과거過去는 무수無數한 내일來日에
잠이 들었습니다.
불행不幸한 신神
어데서나 나와 함께 사는
불행不幸한 신神
당신은 나와 단 둘이서
얼굴을 비벼 대고 비밀秘密을 터놓고
오해誤解나
인간人間의 체험體驗이나
고절孤絶된 의식意識에
후회後悔치 않을 것입니다.
또 다시 우리는 결속結束되었습니다.

황제皇帝의 신하臣下처럼 우리는 죽음을 약속約束합니다.
지금 저 광장廣場의 전주電柱처럼 우리는 존재存在됩니다.
쉴 새 없이 내 귀에 울려오는 것은
불행不幸한 신神 당신이 부르시는
폭풍暴風입니다.
그러나 허망虛妄한 천지天地사이를
내가 있고 엄연奄然히 주검이 가로 놓이고
불행不幸한 당신이 있으므로
나는 최후最後의 안정安定을 즐깁니다.[110)]

박인환은 시의 시원에는 종교적인 것이 있다는 통찰을 하고 있고, 그런 한에서 "신"을 말한다. 신이 "불행"한 것은 박인환의 그 신을 다른 이들이 추종하지 않기 때문이다. "불행한 신神/어디서나 나와 함께 사는/불행한 신/당신은 나와 단둘이서/얼굴을 비벼대고 비밀을 터놓고/오해나/인간의 체험이나/고절孤絕된 의식에/후회치 않을 것입니다." 전혀 다른 새로운 시세계를 그 자신이 열고 있다는 자긍심이 표현되어 있다. 시인이 만들어가는 시세계를 시인은 다시 대상화하고 있다. 시인은 기존의 시세계 그 자체에 만족할 수 없다는 점을 얘기한다. "쉴 새 없이 내 귀에 울려오는 것은/불행한 신 당신이 부르시는/폭풍입니다." 일종의 나르시시즘. 불행한 신은 고정되어 있지 않고 미래를 향해 열려 있다. 신의 불행은 이같은 항구적 불안정성 때문이다. 그렇지만 "불행한 당신이 있으므로/나는 최후의 안정을 즐깁니다."

「미스터 모某의 생生과사死」라는 시는 얼핏 보면 특별하게 어렵지 않게 읽혀지는 시 같다.

110) 이 책, p.183.

미스터 모某의 생生과사死

입술에 피를 바르고
미스터 모某는 죽는다.

어두운 표본실標本室에서
그의 생존시生存時의 기억記憶은
　　미스터 모某의 여행旅行을
　　기다리고 있었다.

원인原因도 없이
유산遺産은 더욱 없이
미스터 모某는 생生과 작별作別하는 것이다.

일상日常이 그러한 것과 같이
주검은 친우親友와도 같이
　　다정多情스러웠다.

미스터 모某의 생生과 사死는
신문新聞이나 잡지雜誌의 대상對象이 못된다.
오직 유식有識한 의학도醫學徒의
일편一片의 소재素材로서
해부解剖의 대臺에 그 여운餘韻을 남긴다.

무수無數한 촉광燭光 아래
상흔傷痕은 확대擴大되고
미스터 모某는 죄가 많았다.

그의 청순淸純한 아내
지금 행복幸福은 의식意識의 중간中間을 흐르고 있다.

결코
평범平凡한 그의 죽음을 비극悲劇이라 부를 수 없었다.
산산散散이 찢어진 불행不幸과
결합結合된 생生과 사死와
이러한 고독孤獨의 존립存立을 피避하며
미스터 모某는
영원永遠히 미소微笑하는 심상心象을
손쉽게 잡을 수가 있었다.[111)]

아마도 이 시는 박인환이 의과대학생이었던 시절에 무연고 시신의 해부한 경험에서 시작 모티브를 얻었던 것 같다. 총 7연. 시신을 해부하면서 시신에 남아 있는 기억의 흔적을 읽어가는 시인의 독서를 우리는 읽을 수 있다. 표본실에서 시신이 어두움 속에서 안치되어 있다. 이제 곧 해부될 예정이다. 그런데 특별한 점은 매우 평범한 시신이라는 점이다. 즉 행려병자의 시신이 평범하지 않은 데 비하여 "원인도 없이/ 유산은 더욱 없이" 그렇게 죽음을 맞이한 이 시신의 주인공은 매우 평범하다는 것이다. 특별한 사건 때문에 그의 죽음이 저널리즘의 뉴스거리가 되는 것이 아니다. "평범한 그의 죽음"이라는 시어에서 "평범한"이라는 시어는 이중적이다. 그가 평범하다는 의미와 그의 죽음이 평범하다는 의미를 동시에 담고 있다. "미스터 모某"는 이름없는 평범한 그의 삶이 왜 하필 죽음 앞에서는 평범하지 않아야 하는지에 대해서 시인은 은근하게 묻고 있다. 시신은 해부된다. 해부실의 매우 밝은 전등들이 켜지고 시신을 해부한다. 시신은 기억을 담고 있다. 시인은 이 평

111) 이 책, p.216.

범한 한 남자의 죽음에 대해서 말하면서 인간은 세상을 살면서 "죄많은 인간"이 된다는 점을, 그의 아내는 청순하다는 점을, 새삼 말한다. 아내가 청순하다는 말을 제대로 이해하지 못하면, 이 맥락에서, 이 시는 실패작으로 평가해야 한다. 그의 아내가 청순하다는 사실을 알 수 있는 시어가 고립되어 있는 것이다. "청순"하다는 시어는 역시 이 시에서 이중적이다. 남편의 생사를 모르는 사실을 지시하는 언어이지만 이 평범한 남자는 자신이 어떻게 죽을 것이며 죽게 되면 어떻게 될 것인지를 알고 있었던 만큼이나, 그의 아내 역시 "청순"할 수 있으리라는 것을 시인은 알 수 있었던 것이다. 이 시의 마지막 연은 이를 말한다. 시신을 해부하는 의사들은 죽음에 이르게 한 요인, "불행"을 시신을 산산이 찢어 해부하여 읽는다. 이 평범한 남자는 고독하게 죽음을 맞이하고 그 시신이 의학도의 해부용으로 분석된다. "미스터 모某는/영원히 미소하는 심상心象을/손쉽게 잡을 수 있었"던 이유는 무엇이었을까? "청순한 아내?" 아니다. 이 시는 생과 사를 분리시키지 않았던 평범한 한 인간의 죽음에 대해서 얘기하고 있는 것이다. "영원히 미소하는 심상"을 가능하게 했던 것은 "청순한 아내"가 아니라, 생과사의 결합으로 살아가는 인생관이었다. 구체화되고 있지 않다. 더구나 "지금 행복은 의식의 중간을 흐르고 있다."는 시어는 무엇을 의미하는가? 아내는 남편의 생사를 모르고 있는 상태에 있을 것이며, 의식의 중간, 생과 사의 중간에 의식은 있다. 평범한 아내의 평범한 반응이리라. 이 시는 죽음을 삶의 구성적 요소로 받아들이는 철학적 판단이 살아 있다.

그리고, 이제, 박인환을 김수영게게 보낸다. 박인환 에게도.

제2부

박인환 시전집

박인환 시전집 편집원칙

우리는 박인환전집(시)을 역사비평판(historical-critical edition)으로 낼 것을 기획했다. 역사비평판이란, 고전으로 평가되었거나 될만한 저자의 책을 낼 때 기존의 판본에서 발견되는 오류(인쇄상의 오자, 탈자는 물론이고 문법적 오류의 교정뿐만 아니라, 저자의 수정과정까지)를 편집자 주를 통해서 밝혀 편집해 내는 판본을 말한다.

기존의 판본에서 우리가 특별히 주목할 가치가 있다고 판단한 판본은 다음과 같다.

(1) 박인환 『선시집』, 산호장, 1955년(1955.10.15).

(2) 박인환시집 『목마와 숙녀』, 근역서재, 1976년(1976.3.10).

(3) 문학세계사판, 『박인환전집』, 문학세계사, 1986년(1986.5.15.)

(4) 한국대표시인101인선집 『박인환』, 문학사상, 2005년(2005.12.20)

(5) 문승묵편, 『박인환전집』, 예옥, 2006년(2006.8.20).

1. 외래어 표현

예를 들어 말해보자. 박인환시집 『선시집』에서의 "센치멘탈-쨔아니"가 언제부터 "센티멘털 쟈니"로 교정되었는가? 아마도 그것은 근역서재본(1976년)에서였던 것 같다. 근역서재본이 왜 이렇게 수정했을까? 아마도 그것은 외래어 표기법을 존중하였던 때문이었던 것 같다. 문학세계사본(1986년)에서도 "센티멘털 쟈니"로 근역서재본의 그것과 다르지 않다. 그리고 문학사상사본에서는 다시 변경된 외래어표기법을 존중하여 "센티멘털 자니"로 수정한다.

그리고 예옥본에서는 "센티멘털 저니"로 수정한다. 이 수정은 매우 중대한 변화를 함의한다. 이렇게 되면서, 'sentimental journey'라는 시어가 원래의 언어였다는 판단을 담고 있다. '짜아니'라는 단어는 영어에서 'Johnny'라는 단어를 소리나는대로 적었던 것에 가깝다. 'Johnny', 혹은 'Johnnie'는 조니(남자이름; John의 애칭), 놈, 녀석, 사나이; 멋쟁이, 번드레한 남자(dandy); 영국에서 (특히 런던 사교계의) 고등 룸펜, 난봉꾼, 남자용 공중 변소라는 뜻이 있다.

문학사상사본(2005년)에서는 "센티멘털 자니"로 되어 있었는데, 예옥본(2006년)에서는 "센티멘탈 저니"로 바로 잡은 것인데, 예옥본에서는 다음과 같은 편집자주를 붙이고 있다.

> "잡지 발표본 『신태양』(1954.7)에는 제목 아래 "수영水暎에게"라는 헌제가 있음. '후반기' 동인지 활동을 함께 하였던 시인 김수영으로 판단됨. "센티멘탈 저니"는 1768년 영국의 작가 L.스턴이 폐병으로 요양 여행을 하면서 쓴 기행문의 제목으로, 자신의 심리변화를 중심으로 서술함으로써 '감상주의sentimentalism'이라는 어휘를 유행시키기도 하였다."(예옥본 2006: 123)

여기에서 스턴이란 영국의 작가 로렌스 스턴(Laurence Sterne, 1713.11.24~1768.3.18)을 말한다.

『신사 트리스트럼 샌디의 생애와 의견』(*The Life and Opinion of Tristram Shandy, Gentleman*, 1760-1767, 국역은 『트리스트럼 샌디』로 문학과 지성사에서 출간되었다.)을 쓴 아일랜드 클로멜에서 태어난 이 영국 작가의 파격적 수법 및 생생한 관능과 정서의 묘사는 의식의 흐름을 그리는 현대작가들에 의해 재평가되었다. 『신사 트리스트럼 샌디의 생애와 의견』은 제9권을 마지막으로 미완성으로 끝났다.

증조부 때는 케임브리지대학교의 학료장(學寮長)과 요크 대주교를 역임한 명사가 있었으나, 아버지는 낙천적이며 가난한 육군 소위였으므로 스턴도 아버지의 근무지를 전전하면서 가난하게 자랐다. 아버지가 사망한 뒤 친척의 원조로 1737년 케임브리지대학교를 졸업하고 요크시(市) 근처에서 성직에 취임한 후 생애를 마칠 때까지 30여 년을 성직자로 보냈다. 1741년에 결혼하였고, 이후 약 20년 동안 때로는 목사 상호간의 세력다툼에 휘말리기도 하고, 또 때로는 교양없는 어머니의 고집 때문에 고민하기도 하였다.

요크는 사교계의 분위기를 즐기면서 비교적 평온한 시골 신사 생활을 계속하였다. 1759년 뜻하지 않은 일로 자기 문재(文才)를 자각하게 되자 『신사 트리스트럼 샌디의 생애와 의견』을 쓰기 시작하였다. 1760년 1월 이 책의 제1권과 제2권이 출판되면서 런던 사교계의 총아가 되었으며 책도 많이 팔렸다. 이 소설은 그 후 2권씩 단속적으로 출판되었으며, 1767년 제9권을 마지막으로 미완성으로 끝났다. 이 밖에 1768년 출판한 기행문 『*A Sentimental Journey through France and Italy*』(1768)와 사후 출판된 『설교』(*Sermon*) 등의 저작이 있다. 만년에는 동인도회사에 근무하는 드레이퍼라는 사람의 젊은 부인 엘리자베스에게 넋이 빠져 『엘리자에게 보내는 일기』(The Journal to Eliza)라는 애타는 수기를 남겼는데 이것은 20세기가 되어서야 출판되었다.

로렌스 스턴의 소설 『*A Sentimental Journey through France and Italy by Mr. Yorick*』(ed. Gardner Stout, Jr., Berkeley: University of California P., 1967)은 일명 "A Sentimental Journey"로 불리기도 한다는 점에서 박인환의 시어 "센치멘탈-짜아니"는 로렌스 스턴의 소설 'Sentimental Journey'를 소리나는 그대로 번역했다고 볼 수 있다. 더구나 이 시에서 시작하는 시어가 "주말여행"이라는 점에서 독자는 여행이라는 단어에 주목할 수 있고, 그런 한에서 "짜아니"는 여행을 뜻하는 journey를 소리나는대로 적은 것이리라 추론할 수 있다. 그런데 journey를 어떻게 이렇게 옮겨 적었단 말인가. “쩌어니”나 “쩌니”면 모를까, 영어를 알고 있는 자라면 이 단어를 “짜아니”로 옮겨 적는 것은 아무래도 잘못되었다는 인상을 지울 수가 없다. 이 시는 『신태양』이라는 저널(1954년 7월)에 발표된 것을 박인환이 『선시집』을 내면서 헌제로 붙였던 “수영에게”라는 것을 삭제하였던 만큼 잘못 식자(植字)되었다면 수정할 수 있었을 것이다. 박인환은 의도적으로 이 표현을 그대로 살려 나갔던 것이 분명해 보인다.

『선시집』에서의 이 시어에 주의해야 할 것은 또 있다. “센치멘탈 짜아니”가 아니라 “센치멘탈-짜아니”라고 표현했다는 점에 독자는 주목해야 한다. 여기에서 “-”라는 표현은 박인환의 시에서 인명을 표기할 때 이름과 성을 구분하는 식으로 주로 쓰이는데, 이런 한에서, “센치멘탈-짜아니”는 마치 인명처럼 보이게 표현되어 있다는 점에 주목할 필요가 있다.

로렌스 스턴의 소설 『*Sentimental Journey*』의 맥락을 알지 못한 채 박인환의 이 시를 꼼꼼하게 읽는다면 실제로 “센티멘탈-짜아니”는 인명으로 읽힌다.

박인환은 이 시어에서 의미론적 양립성을 의도했던 것 같다. 한편으로는 로렌스 스턴의 여행 소설 『Sentimental Journey』를 가리키면서도 다른 한편으로는 이런 소설의 주체를 암시하는 시적 언어를 그는 의도했던 것이다. 센티멘탈 자니, 즉 sentimental Johnny, 곧 박인환의 외적 모습을 보고 그를 판단하여 그에게 붙어다녔던 그 센티멘탈 댄디보이에 대해서 그는 말하고 싶었던 것이다. 바로 이 센티멘탈 댄디보이 이미지를 가장 싫어했던 것이 다름 아니라 김수영이 아니었던가. 박인환은 이 시를 김수영에게 보내고 있는 것이다. 그렇다면 이 편지의 메시지는 무엇인가. 그것은 그의 시를 정당하게 읽어달라는 요청이 아니었을까.

이 시는 『선시집』에 재수록되었는데, 박인환은 『신태양』지에 처음 발표했을 때 붙였던 "헌제" ("수영에게")를 삭제한다.(박인환은 통상적인 의미에서 시를 누구에게 바치지 않았다. 『선시집』에서 "아내 丁淑에게 보낸다"라는 표현 역시 문자 그대로 보낸다는 그 의미 이상이 아니었다. 바친다는 의미에서 헌제가 아니었다. "수영에게"라는 표현 역시 아내 정숙에게 보낸다는 그 의미에서 수영에게 보낸다의 약칭이었다.) 왜 그랬을까? "센치멘탈-쨔아니"라는 이 시는 『선시집』 "서적과 풍경"의 마지막 시이다. 김수영은 박인환이 죽은 다음에 쓴 그 유명한 산문에서 바로 이 시를 얘기한다. 박인환과 김수영은 『선시집』을 편집하고 발간할 무렵 사이가 매우 좋지 않았음이 분명한 것 같다. 김수영 쪽에서 아마도 이 헌사에 대하여 불쾌를 먼저 표명했을 것으로 추정된다[1].

"센치멘탈-쨔아니"를 읽는 독자는 로렌스 스턴의 『*Sentimental Journey*』를 이해해야 하는 의무가 있다. 독자의 의무! 『*Sentimental Journey*』를 이미 읽었던 독자라면 박인환의 이 시를 처음 읽을 때 "센치멘탈-쨔아니"라는 표제어가 무엇을 말하는지를 이 서적, 이 작가를 다시 이해하면서 이해해 가게 될 것이다. 만약 이 작가, 이 서적에 대해서 전혀 몰랐던 독자라면, 이 시를 읽고서 "쨔아니"가 'Johnny'가 아니라 'journey'일 수도 있음을 알게 될 것이고 더 가깝게 혹은 더 멀리 우회하여 이 서적, 이 작가에 다다를 수 있게 될 것이다. 독자는 저자의 언어를 이해해야 할 의무가 있다. 독자의 의무라 이를 명명할 수 있겠다.

1) 김수영전집에 포함되어 있는 〈박인환〉(『김수영전집』, 민음사, 1981, pp.63-64)에서 김수영은 자신에게 헌제된 그 시를 "센치멘털 저니"(p.64)라고 표기하고 있다.

2. 한자표현

박인환은 한자를 많이 사용하여 시를 썼다. 한자를 병기하지 않으면 뜻이 통할 수 없는 표현이 적지 않다고 판단하여 우리는 이 역사비평판에서 한자를 병기하기로 했다.

근역서재판은 한자병기가 아니라 한자표현을 원래의 판본과 같이 살려 출간했던 반면에, 문승묵판은 기본적으로는 한자표현을 한국어로 고쳐 표현하되, 한자병기를 하지 않을 경우에 뜻이 왜곡될 경우라 판단되는 곳에서만 한자병기를 했다.

문학사상사판은 원문의 한자표현을 한국어로 고치고 한자를 병기하는 방식을 택했다. 그러나 이 판본은 한자병기식을 따르면서도, 원문의 숫자 표현에는 한자병기를 하지 않았다. 시 제목이 한자표현이었던 것을 일본어로 번역하여 일본식 발음으로 고쳐버린 것도 있다. "세도나이가이(瀨戶內海)"(문학사상사본 2005: 172)가 그러하다. 본문에 "세도나이가이"를 한자로 표기하지 않고, 한국어로 표현했다.

3. 발표시점표현

각 시의 발표의 창작 및 발표 시점은 작품의 의미론적 해석에서 중요한 요소이다. 육필원고를 지금 볼 수 있다면, 육필원고와 각 지면에 발표된 그 시와 어떻게 다른지를 밝히는 과제 역시 중요하다. 박인환은 잡지나 신문 등에 먼저 발표한 시들을 그가 살아 있었던 동안 직접 관여했을 『새로운 도시와 시민들의 합창』과 『선시집』에 재수록했는데, 이 과정에서 그는 수정한 시어들도 있다. 이 수정 내용 역시 그의 시를 이해하는데 의미있는 언어일 수 있다. 우리는 가급적 이 변화를 밝히고자 한다. (1) 최초 발표지면과 일자를 알 수 있는 경우, 구체적으로 그것을 명시했다. (2) 그것을 알 수 없는 경우, 가급적 박인환의 전체 시들의 발표시점들을 고려하여 순서를 정하지만, 궁극적으로는 임의로 처리했다고 말할 수밖에 없다.

4. 문법에 어긋나는 표현

박인환의 시들에서 우리는 쉽게 오늘의 문법에 어긋나는 표현들을 볼 수 있다. (1) 발표당시의 문법에는 맞았지만, 오늘의 문법에 어긋나는 경우에는 오늘의 문법에 맞게 교정하는 것을 원칙으로 삼는다. (2) 발표당시의 문법에 맞지 않는 경우, 시인이 의도적으로 시적 표현으로 쓴 것인지 여부를 판단해야 한다.

5. 무엇을 정본으로 정할 것인가

(1) 박인환이 직접 인쇄 및 교정과정에 개입했다고 판단할 수 있는 『새로운 도시와 시민들의 합창』에 실린 5편의 시와 『선시집』의 시들을 정본으로 삼는다.

(2) 근역서재본 박인환시집. 『목마와 숙녀』(1976년)에 처음으로 실린 시들의 경우, 근역서재본의 그것을 정본으로 삼아 편집한다. 이 시집에서 박인환의 장남 박세형은 "『선시집』에 수록된 시 56편 중 54편과 유작 및 지상에 발표됐었지마는 『선시집』에서 빠진 7편 등 61편을 묶어 『목마와 숙녀』로 출판하게 되었다"고 밝혔다. 『선시집』에 수록되었던 시 중 『목마와 숙녀』에 싣지 않은 시 두 편은, 5번째의 시 「자본가資本家에게」와 21번째의 시 「문제問題되는 것」이었다. 그 이유는 1976년 당시 유신체제의 검열을 고려했던 때문이었으리라는 것은 확실

해 보인다. 지상에 발표되었던 시들 중 어떠한 시를 이 『목마와 숙녀』에 싣는가? 우선, 『새로운 도시와 시민들의 합창』에 박인환이 스스로 선별하여 실었던 5편의 시 중에서 「지하실」만 싣고 나머지 네 편의 시들은 싣지 않았다. 「열차」, 「인천항」, 「남풍」, 「인도네시아 인민에게 주는 시」가 그 시들이다. 왜 그렇게 했을까? 역시 "검열" 때문이었다. 그렇다면, 근역서재본 『목마와 숙녀』에 지상에 발표되었던 시를 실었던 것들은 어떤 것들인가? 「거리」(1946년 12월. 데뷔작이다.), 「이국항구」(『경향신문』 1956년 4월 7일자).

근역서재본 『목마와 숙녀』(1976년)에 처음 실었던 것들은? 「이 거리는 환영한다 -반공청년에게 주는 노래」(pp.154-158), 「어떠한 날까지」(pp.159-161. 근역서재본에는 이 시의 끝에 "(1952년 11월 20일)"이라는 발표일자가 적혀 있다.), 「가을의 유혹」(pp.167-169), 「세월이 가면」(pp.164-165). 이 네 편은 모두 미발표 유고들인지 아니면 그 중에는 지상에 이미 발표되었던 것을 처음으로 발굴하여 게재한 것도 포함되어 있는지 알 수 없다. 다만 「세월이 가면」의 경우는 노래 가사로서 발표된 것으로 간주될 수 있다. 요컨대, 1976년 근역서재본 『목마와 숙녀』 본은 1956년의 『선시집』을 기준으로 하되, 문제가 될 소지가 있다고 근역서재본 편집자가 판단한 두 편의 시를 빼고, 기발표시와 유고시에서 7편을 실어 편집했다. 그 7편이란, 「거리」(데뷔작), 「지하실」(『새로운 도시와 시민들의 합창』에서 선별), 「이국항구」(『경향신문』 1956년 4월 7일자 발표 시), 노래 시 「세월이 가면」, 「이 거리는 환영한다 - 반공청년에게 주는 노래」, 「어떠한 날까지」, 「가을의 유혹」이었다.

문학사상사본 한국대표시인101인선집 『박인환』(문학사상, 2005년)에서는 『새로운 도시와 시민들의 합창』과 『선시집』을 충실하게 존중하고, 이 두 시집에 포함되지 않은 시들을 "박환환 시선"이라는 장의 제목 아래 총 15편의 시를 싣고 있다: 「전원시초」, 「거리」, 「어떠한 날까지」, 「이 거리는 환영한다」, 「이국항구」, 「가을의 유혹」, 「세월이 가면」, 「침울의 바다」, 「세도나이가이」, 「얼굴」, 「죽은 아포롱」, 「정신의 행방을 찾아」, 「옛날의 사람들에게」, 「술보다 독한 눈물」, 「오월의 바람」. (1) 이 가운데 「전원시초」는 『선시집』의 「전원」의 시초인데, 제법 많이 다르다는 점에서 게재할 가치가 충분한 이유가 있다. (2) (근역서재본에서 새롭게 실은 그 시들을 포함하여) 문학사상사에서 시집의 형식 속에 새롭게 싣는 시는 이 「전원시초」 이외에 「침울한 바다」, 「세도나이가이」, 「얼굴」, 「죽은 아포롱」, 「정신의 행방을 찾아서」, 「옛날의 사람들에게」, 「술보다 독한 눈물」, 「오월의 바람」인데, 문학사상사본은 이들의 출전을 밝히고 있지 않다. 이들 시 중 「얼굴」과 「술보다 독한 눈물」은 문승묵본이 지적하고 있듯이 박인환의 시인지 여부가 문제시된다. 시의 형식과 내용으로 볼 때 박인환의 시가 아닐 가능성이 매우 높다. 본 판본에서는 제외시켰다.

6. 배열과 순서

박인환에게서 『선시집』은 중심이다. 박인환은 이 시집을 4부로 나누고 각 부에 제목을 붙여 놓았다. 그것들 역시 매우 중요한 시의 의미론을 구성하는 시어들이다. 이 『선시집』의 배열과 순서가 크게 뒤흔들리게 된 계기는 1976년 근역서재본 『목마와 숙녀』의 출간이었다. 『선시집』에서 "문제 시" 두 편을 빼고, 새롭게 발굴한 시들을 배열하는 편집 과정에서 박인환의 유일한 시집이 훼손된 셈이다. 순서는 물론이고, 특히 『선시집』의 각 부 제목 "書籍과 風景", "아메리카 詩抄", "永遠한 서장序章", "抒情 또는 雜草"의 훼손이 그러했다. 이 오류는 1986년 문학세계사 박인환전집에서 더욱 심화된다. 원래의 표현 대신에 "木馬와 淑女", "아메리카 詩抄", "영원한 序章", "사랑의 Parabola", "죽은 아포롱"이 등장했다. 2005년 문학사상사본 박인환과 문승묵본 박인환 전집은 『새로운 도시와 시민들의 합창』과 『선시집』을 충실하게 존중하는 배열과 순서를 택했다.

『새로운 도시都市와 시민市民들의 합창合唱』

장미薔薇의 온도溫度

열차列車

— 궤도 위에 철鐵의 풍경風景을 질주疾走하면서
　그는 야생野生한 신시대新時代의 행복幸福을 전개展開한다. —스티븐 스펜더*

폭풍暴風이 머문 정거장停車場 거기가 출발점出發點
정욕情慾과 새로운 의욕意慾 아래
열차列車는 움직인다*
격동激動의 시간時間
꽃의 질서秩序를 버리고
공규空閨한 나의 운명運命처럼
열차列車는 떠난다
검은 기억記憶은 전원田園에 흘러가고
속력速力은 서슴없이 죽음의 경사傾斜를 지난다

청춘靑春의 복받침을
나의 시야視野에 던진 채
미래未來에의 외접선外接線을 눈부시게 그으며
배경背景은 핑크빛 향香기로운 대화對話
깨진 유리창 밖 황폐荒廢한 도시都市의 잡음雜音을 차고
율동律動하는 풍경風景으로
활주滑走하는 열차列車

가난한 사람들의 슬픈 관습慣習과
봉건封建의 터널 특권特權의 장막帳幕을 뚫고
피비린 언덕 너머 곧
광선의 진로進路를 따른다
다음 헐벗은 수목樹木의 집단集團 바람의 호흡呼吸을 안고

눈이 타오르는 처음의 녹지대綠地帶
거기엔 우리들의 황홀恍惚한 영원永遠의 거리가 있고
밤이면 열차列車가 지나온
커다란 고난苦難과 노동勞動의 불이 빛난다
혜성彗星보다도
아름다운 새날보담도 밝게

***스티븐 스펜더**(Stephen Harold Spender, 1909.2.28-1995.7.16) : 1930년대 영국 시단의 기수 중 하나. 그는 모더니즘을 지향하면서도 T.S. 엘리어트의 전통지향적 모더니즘을 극복하고자 했다. 특히 대사회적 참여를 중요시 했다. 주요저서에는 『전시집』(1955) 등이 있다. 박인환은 S. 스펜더로부터 많은 영향을 받은 것으로 알려졌다.
***움직인다** : 시집본에는 '움지긴다'로 되어 있다.

지하실地下室

황갈색黃褐色 계단階段을 내려와
모인 사람은
도시都市의 지평地平에서 싸우고 왔다

눈앞에 어리는 푸른 시그널
그러나 떠날 수 없고
모두들 선명鮮明한 기억記憶 속에 잠든다

달빛 아래
우물을 푸든 사람도
지하地下의 비밀秘密은 알지 못했다

이미 밤은 기울어져가고*
하늘엔 청춘靑春이 부서져
에메랄드의 불빛이 흐른다

겨울의 새벽이여
너에게도 지열地熱과 같은 따스함이 있다면
우리의 이름을 불러라

아직 바람과 같은
속력速力이 있고
투명透明한 감각感覺이 좋다

***기울어져가고** : 시집본에는 '기우러져가고'로 되어 있다.

인천항仁川港

사진잡지寫眞雜誌에서 본 항항香港* 야경夜景을 기억記憶하고 있다
그리고 중일전쟁中日戰爭 때
상해부두上海埠頭를 슬퍼했다

서울에서 30킬로를 떨어진 곳에
모든 해안선海岸線과 공통共通되어 있는
인천항仁川港이 있다

가난한 조선朝鮮의 프로필*을
여실如實히 말하던 인천항구仁川港口에는
상관商館도 없고
영사관領事館도 없다

따뜻한 황해黃海의 바람이
생활生活의 도움이 되고자*
냅킨 같은 만내灣內에 뛰어들었다

해외海外에서 동포同胞들이 고국故國을 찾아들 때
그들이 처음 상륙上陸한 곳이
인천항仁川港이다

그러나 날이 갈수록
은주銀酒와 아편阿片과 호콩*이 밀선密船에 실려오고

태평양太平洋을 건너 무역풍貿易風을 탄 칠면조七面鳥가
인천항仁川港으로 나침羅針을 돌린다

서울에서 모여든 모리배謀利輩는
중국에서 온 헐벗은 동포同胞의 보따리같이
화폐貨幣의 큰 뭉치를 등지고
황혼黃昏 부두埠頭를 방황彷徨했다.

밤이 가까울수록
성조기星條旗가 퍼덕이는 숙사宿舍와
주둔소駐屯所의 네온사인은 붉고
정크*의 불빛은 푸르며
마치 유니언 잭이 날리는 식민지植民地 향항香港의 야경夜景을 닮아간다

조선朝鮮의 해항海港 인천仁川의 부두埠頭가
중일전쟁中日戰爭 때 일본日本이 지배支配했던
상해上海의 밤을 소리 없이 닮아 간다

***향항**香港 : 홍콩의 한자어 표기이다.
***프로필** : 시집본에는 '인상印象'으로 되어 있다.
***되고자** : 시집본에는 '되고저'로 되어 있다.
***호콩** : 땅콩.
***정크** : 시집본에는 '짠크'로 되어 있으나 내용상 중국의 화객 운송용 범선인 '정크junk'로 해석된다.

남풍南風

거북이처럼 괴로운 세월이
바다에서 올라온다

일찍이 의복衣服을 빼앗긴 토민土民
태양太陽 없는 마레*
너의 사랑이 백인白人의 고무원園에서
소형素馨*처럼 곱게 시들어졌다

민족民族의 운명運命이
크메르 신神의 영광榮光과 함께 사는
앙코르와트의 나라
월남인민군越南人民軍
멀리 이 땅에서도 들려오는
너희들의 항쟁抗爭의 총銃소리

가슴 부서질 듯 남풍南風이 분다
계절季節이 바뀌면 태풍颱風은 온다

아세아亞細亞 모든 위도緯度
잠든 사람이여
귀를 기울여라

눈을 뜨면

남방南方의 향기가
가난한 가슴팍으로 스며든다

*마레 : '말레이시아'를 줄여 쓴 표기로 해석된다. 문학사상사편에는 '날에'로 표기되어 있다.
*소형(素馨) : 재스민의 중국어 표기이다.

인도네시아 인민人民에게 주는 시詩

동양東洋의 오케스트라
가믈란*의 반주악伴奏樂이 들려온다
오 약소민족弱小民族
우리와 같은 식민지植民地의 인도네시아

삼백 년三百年 동안 너의 자원資源은
구미歐美 자본주의資本主義 국가國家에 빼앗기고
반면反面 비참悲慘한 희생犧牲을 받지 않으면
구라파歐羅巴의 반半이나 되는 넓은 땅에서
살 수 없게 되었다 그러는 사이
가믈란은 미칠 듯이 울었다

홀랜드*의 58배倍나 되는 면적面積에
홀랜드인人은 조금도 갖지 않은 슬픔을
밀림密林처럼 지니고
6073만萬 인人 중中 한 사람도 빛나는 남십자성南十字星을 쳐다보지도
못하며 살아왔다

수도首都 족자카르타* 상업항商業港 스라바야*
고원高原 분지盆地의 중심지中心地 반돈의 시민市民이여
너희들의 습성習性이 용서容恕하지 않는
남을 때리지 못하는 것은 회교回教서 온 것만이 아니라
동인도회사東印度會社가 붕괴崩壞한 다음

홀랜드의 식민정책植民政策 밑에
모든 힘까지도 빼앗긴 것이다

사나이는 일할 곳이 없었다 그러므로
약弱한 여자女子들은 백인白人아래 눈물 흘렸다
수만數萬의 혼혈아混血兒는
살길을 잃어 애비를 찾았으나
스라바야를 떠나는 상선商船은
벌써 기적汽笛을 울렸다

홀랜드인人은 포르투갈이나 스페인처럼
사원寺院을 만들지는 않았다
영국인英國人처럼 은행銀行을 세우지 않았다
토인土人은 저축심貯蓄心이 없을 뿐만 아니라
저축貯蓄할 여유餘裕란 도무지 없었다
홀랜드인人은 옛날처럼 도로道路를 닦고
아세아亞細亞의 창고倉庫에서 임자 없는 사이
보물寶物을 본국本國으로 끌고만 갔다

주거住居와 의식衣食은 최저도最低度
노예적奴隷的 지위地位는 더욱 심甚하고
옛과 같은 창조적創造的 혈액血液은 완전完全히 부패腐敗하였으나
인도네시아 인민人民이여

생生의 광영光榮은 홀랜드의 소유所有만이 아니다

마땅히 요구要求할 수 있는 인민人民의 해방解放
세워야 할 늬들의 나라
인도네시아 공화국共和國은 성립하였다 그런데
연립임시정부聯立臨時政府란 또다시 박해迫害다
지배권支配權을 회복回復하려는 모략謀略을 부숴라
이제는 식민지植民地의 고아孤兒가 되면 못쓴다
전인민全人民은 일치단결一致團結하여 스콜*처럼 부서져라

국가방위國家防衛와 인민전선人民戰線을 위해 피를 뿌려라
300년 동안 받아온 눈물겨운 박해迫害의 반응反應으로
너의 조상祖上이 남겨놓은
저 야자椰子나무의 노래를 부르며
홀랜드군軍의 기관총機關銃 진지陣地에 뛰어들어라

제국주의帝國主義의 야만적野蠻的 세계世界는
너희뿐만 아니라 우리의 모욕侮辱
힘 있는 대로 영웅英雄되어 싸워라
자유自由와 자기自己 보존保存을 위爲해서만이 아니고
야욕野慾과 폭압暴壓과 비민주적非民主的인
식민정책植民政策을
지구地球에서 부숴내기 위爲해

반항反抗하는 인도네시아 인민人民이여
최후最後의 한 사람까지 싸워라

참혹慘酷한 몇 달이 지나면
피 흘린 자바섬島에는
붉은 칸나 꽃이 피리니
죽음의 보람은 남해南海의 태양太陽처럼
조선朝鮮에 사는 우리에게도 빛이려니
해류海流가 부딪치는 모든 육지陸地에선
거룩한 인도네시아 인민人民의
내일來日을 축복祝福하리라

사랑하는 인도네시아 인민人民이여
고대문화古代文化의 대유적大遺跡 보로부두르*의 밤

***가믈란** (Gamelan) : 인도네시아의 전통음악. 타악기의 이름이기도 함. 독특한 시공(時空)을 만들어 내며, 무용과 뗄 수 없는 관계에 있다.
***홀랜드** : 네덜란드를 뜻하는 포르투칼어. 영어로는 "Holland"이다.
***족자카르타** : 문학사상사편에는 '바다비야'로 되어 있다.
***스라바야** (Surabaja) : 현재 인도네시아 자바섬에 있는 지명.
***스콜** : 갑자기 불기 시작하여 몇 분 동안 계속된 후 갑자기 멈추는 바람. 돌풍과 다른 점은 계속 시간이 돌풍보다 긴 점이다. 풍향도 급변할 때가 많다. 흔히 강수와 뇌우 등의 변화도 가리키는데, 이 경우에도 바람의 돌연한 변화를 동반하는 경우에 한한다. 1962년 세계기상기구에서 채용한 스콜의 기상학적 정의는 "풍속의 증가가 매초 8m 이상, 풍속이 매초 11m 이상에 달하고 적어도 1분 이상 그 상태가 계속되는 경우"라고 한다.
***보로부두르** : 인도네시아 자바섬 중부 족자카르타 북쪽에 있는 불교유적. 시집본에는 '보로·보드울'로 되어 있다.

평화平和를 울리는 종鍾소리와 함께
가믈란에 맞추어 스림피*로
새로운 나라를 맞이하여라

*스림피 : 인도네시아 자바의 대표 무용(원주).

『선시집選詩集』

서적書籍과 풍경風景

세 사람의 가족家族

나와 나의 청순淸純한 아내
여름날 순백純白한 결혼식結婚式이 끝나고
우리는 유행품流行品으로 화려華麗한
상가商街의 쇼윈도를 바라보며 걸었다

전쟁戰爭이 머물고
평온平穩한 지평地平에서
모두의 단편적斷片的인 기억記憶이
비둘기의 날개처럼 솟아나는 틈을 타서
우리는 내성內省과 회한悔恨에의 여행旅行을 떠났다.

평범平凡한 수확收穫의 가을
겨울은 백합百合처럼 향기香氣*를 풍기고 온다
죽은 사람들은 싸늘한 흙 속에 묻히고
우리의 가족家族은 세 사람.

토르소*의 그늘 밑에서
나의 불운不運한 편력遍歷인 일기책日記冊이 떨고
그 하나 하나의* 지면紙面은
음울陰鬱한 회상回想의 지대地帶로 날아갔다.

아 창백蒼白한 세상世上과 나의 생애生涯에
종말終末이 오기 전前에

나는 고독孤獨한 피로疲勞에서
빙화氷花처럼 잠들은 지나간 세월歲月을 위해
시詩를 써 본다.

그러나 창窓 밖
암담暗澹한 상가商街
고통苦痛과 구토嘔吐가 동결凍結된 밤의 쇼윈도
그 곁에는
절망絶望과 기아飢餓의 행렬行列이 밤을 새우고
내일來日이 온다면
이 정막靜寞의 거리에 폭풍暴風이 분다.

***향기香氣** : 시집본에는 '좁기'로 되어 있으나 이것은 오식으로 보인다.
***토르소** : 시집본에는 '톨소'으로 되어 있으나 이것은 'torso'를 소리나는 대로 적은 것으로, 몸체만을 대상으로 한 조각상 '토르소'를 의미한다.
***하나 하나의** : 시인의 의도적 띄어쓰기로 보인다.

최후最後의 회화會話

아무 잡음雜音도 없이 멸망滅亡하는
도시都市의 그림자
무수無數한 인상印象과
전환轉換하는 연대年代의 그늘에서
아 영원永遠히 흘러가는 것
신문지新聞紙의 경사傾斜에 얽혀진
그러한 불안不安의 격투格鬪.

함부로 개최開催되는 주장酒場의 사육제謝肉祭
흑인黑人의 트럼펫*
구라파歐羅巴 신부新婦의 비명悲鳴
정신精神의 황제皇帝!
내 비밀秘密을 누가 압니까?
체험體驗만이 늘고
실내室內는 잔잔한 이러한
환영幻影의 침대寢臺에서.

회상回想의 기원起源
오욕汚辱의 도시都市
황혼黃昏의 망명객亡命客
검은 외투外套에 목을 굽히면
들려오는 것
아 영원永遠히 듣기 싫은 것

쉬어 빠진 진혼가鎭魂歌
오늘의 폐허廢墟에서
우리는 또 다시 만날 수 있을까
1950년一九五○年의 사절단使節團.

병病 든 배경背景의 바다에
국화菊花가 피었다
폐쇄閉鎖된 대학大學의 정원庭園은
지금은 묘지墓地
회화繪畵와 이성理性의 뒤에 오는 것
술 취한 수부水夫의 팔목에 끼어
파도波濤처럼 밀려 드는
불안不安한 최후最後의 회화會話.

***트럼펫** : 시집본에는 '트람벨'로 되어 있다.
***밀려 드는** : 시인의 의도적 띄어쓰기로 보인다.

낙하落下

미끄럼 판에서*
나는 고독孤獨한 아킬레스처럼
불안不安의 깃발 날리는
땅 위에 떨어졌다
머리 위의 별을 헤아리 면서*

그 후 20년二十年
나는 운명運命의 공원公園 뒷담 밑으로
영속永續된 죄罪의 그림자를 따랐다.

아 영원永遠히 반복反覆되는
미끄럼 판의 승강昇降
친근親近에의 증오憎惡와 또한
불행不幸과 비참悲慘과 굴욕屈辱에의 반항反抗도 잊고
연기煙氣 흐르는 쪽으로 달려가면
오욕汚辱의 지낸 날이* 나를 더욱 괴롭힐 뿐.

멀리선 회색灰色 사면斜面과
불안不安한 밤의 전쟁戰爭
인류人類의 상흔傷痕과 고뇌苦惱만이 늘고
아무도 인식認識치* 못할
망각忘却의 이 지상地上에서
더욱 더욱 가라앉아* 간다.

처음 미끄럼 판에서
내려 달린 쾌감快感도
미지未知의 숲 속을
나의 청춘青春과 도주逃走하던 시간時間도
나의 낙하落下하는
비극悲劇의 그늘에 있다.

***미끄럼 판에서** : 시집본에 '미끄럼 판에서'로 되어 있는데, 박인환의 시에는 의도적 띄어쓰기가 하나의 특징으로 나타난다.
***깃발** : 시집본에는 '旗ㅅ발'로 되어 있다.
***헤아리 면서** : '헤아리면서'가 맞으나, 시집본에 '헤아리 면서'로 되어 있는데, 박인환의 시에는 의도적 띄어쓰기가 하나의 특징으로 나타난다.
***지낸 날이** : 시인의 의도적 표현으로 보인다.
***인식認識치** : 시집본에는 '認識ㅎ지'로 되어 있다.
***가라앉아** : 시집본에는 '가랁아'로 되어 있다.

영원永遠한 일요일日曜日

날개 없는 여신女神이 죽어 버린 아침
나는 폭풍暴風에 싸여
주검의 일요일日曜日을 올라간다.

파란 의상衣裳을 감은 목사牧師와
죽어가는 놈의
숨가쁜 울음을 따라
비탈에서 절룸거리며* 오는
나의 형제兄弟들.

절망絕望과 자유自由로운
모든 것을……

싸늘한 교외郊外의 사구砂丘에서
모진 소낙비에 으끄러지며
자라지 못하는 유용식물有用植物.

낡은 회귀回歸의 공포恐怖와 함께
예절禮節처럼 떠나 버리는 태양太陽.

수인囚人이여
지금은 희미한 철형凸形의시간時間*
오늘은 일요일日曜日

너희 들은* 다행하게도
다음 날에의
비밀秘密을 갖지 못했다.

절름거리며 교회敎會에 모인 사람과
수족手足이 완전完全함에 불구하고
복음福音도 기도祈禱도 없이
떠나 가는 사람과

상풍傷風된 사람들이여
영원永遠한 일요일日曜日이여

***절룸거리며** : 시어로 보인다.
***철형凸形의시간時間** : 의도적으로 붙여 쓴 것으로 보인다.
***너희 들은** : 시인의 의도적 띄어쓰기로 보인다.

자본가資本家에게

나는 너희들의 마니페스토의 결함缺陷을 지적指摘한다
그리고 모든 자본資本이 붕괴崩壞한 다음
태풍颱風처럼 너희들을 휩쓸어갈
위험성危險性이
파장波長처럼 가까워 진다는 것도

옛날 기사技師가 도주逃走하였을 때
비행장飛行場에 구진* 비가 내리고
모두 목메어 부른 노래는
밤의 말로末路에 불과하였다.

그러므로 자본가資本家여
새삼스럽게 문명文明을 말하지 말라
정신精神과 함께 태양太陽이 도시都市를 떠난 오늘
허물어진 인간人間의 광장廣場에는
비둘기 떼의 시체屍體가 흩어져 있었다.

신작로新作路를 바람처럼 굴러간
기체機體의 중축中軸*은
어두운 외계外界 절벽絶壁 밑으로 떨어지고
조종자操縱者의 얇은 작업복作業服이
하늘의 구름처럼 남아 있었다.

잃어버린 일월日月의 선명鮮明한 표정表情들
인간人間이 죽은 토지土地에서
타산打算치* 말라
문명文明의 모습이 숨어버린 황량荒凉한 밤

성안成案*은
꿈의 호텔처럼 부서지고
생활生活과 질서秩序의 신조信條에서 어긋난
최후最後의 방랑放浪은 끝났다.

지금 옛날 촌락村落을 흘려버린
슬픈 비는 나린다.

***구진** : 시집본에 '구진'으로 되어 있는데, '궂은'이란 뜻의 시어로 보인다.
***중축中軸** : 시집본에는 '中柚'로 되어 있으나 오식이다.
***타산打算치** : 시집본에는 '打算ㅎ지'로 되어 있다.
***성안成案** : 어떤 내용이 계획 · 방침 등에 관한 초안을 뜻한다.

회상回想의 긴 계곡溪谷

아름답고 사랑처럼 무한無限히 슬픈
회상回想의 긴 계곡溪谷
그랜드 쇼처럼 인간人間의 운명運命이 허물어지고
검은 연기煙氣여 올라라
검은 환영幻影이여 살아라.

안개 내린 시야視野에
신부新婦의 베일인가 가늘은 생명生命의 연속連續이
최후最後의 송가頌歌와
불안不安한 발걸음에 맞추어
어데로인가
황폐荒廢한 토지土地의 외부外部로 떠나 가는데
울음으로써 죽음을 대치代置하는
수없는 악기樂器들은
고요한 이 계곡溪谷에서 더욱 서럽다.

강江기슭에서 기약期約할 것 없이 쓰러지는
하루만의 인생人生
화려華麗한 욕망慾望
여권旅券은 산산散散이 찢어지고
낙엽落葉처럼 길 위에 떨어지는
캘린더의 향수鄕愁를 안고
자전거自轉車의 소녀少女여 나와 오늘을 살자.

군인軍人이 피워 물던
물뿌리와 검은 연기煙氣의 인상印象과
위기危機에 가득 찬 세계世界의 변경邊境
이 회상回想의 긴 계곡溪谷 속에서도
열列을 지어 죽음의 비탈을 지나는
서럽고 또한 환상幻想에 속은
어리석은 영원永遠한 순교자殉教者.
우리들.

일곱 개의 층계層階

가만히 눈을 감고 생각하니
지난 하루 하루가 무서웠다.
무엇이나 거리낌 없이 말했고
아무에게도 협의協議해 본 일이 없던
불행不幸한 연대年代였다.

비가 줄 줄* 내리는 새벽
바로 그때이다
죽어 간 청춘靑春이
땅 속에서 솟아나오는 것이……
그러나 나는 뛰어 들어
서슴없이 어깨를 거느리고
악수握手한 채 피 묻은 손목으로
우리는 암담暗澹한 일곱 개의 층계層階를 내려갔다.

「인간人間의 조건條件」의 앙드레 말로
「아름다운 지구地區」의 아라공
모두들 나와 허물 없던 우인友人
황혼黃昏이면 피곤疲困한 육체肉體로
우리의 개념槪念이 즐거이 이름불렀던
〈정신精神과 관련關聯의 호텔〉에서
말로는 이 빠진 정부情婦와
아라공은 절름발이* 사상思想과

나는 이들을 응시凝視하면서……
이러한 바람의 낮과 애욕愛慾의 밤이
회상回想의 사진寫眞처럼
부질하게 내 눈 앞에 오고 간다.

또 다른 그날
가로수街路樹 그늘에서 울던 아이는
옛날 강江가에 내가 버린 영아嬰兒
쓰러지는 건물建物 아래
슬픔에 죽어 가던 소녀少女도
오늘 환영幻影처럼 살았다
이름이 무엇인지
나라를 애태우는지
분별分別할 의식意識조차 내게는 없다

시달림과 증오憎惡의 육지陸地
패배敗北의 폭풍暴風을 뚫고
나의 영원永遠한 작별作別의 노래가
안개 속에 울리고
지낸 날의 무거운 회상回想을 더듬으며
벽壁에 귀를 기대면
머나 먼
운명運命의 도시都市 한복판

희미한 달을 바라
울며 울며 일곱 개의 층계層階를 오르는
그 아이의 방향方向은
어데인가.

*줄 줄 : '줄줄'이 맞으나 시집본에 '줄 줄'로 띄어쓰기를 한 것은 의도적으로 보인다. 이러한 의도적 띄어쓰기는 박인환 시의 한 특징으로 보인다.
*절름발이 : 시어로 보인다.

기적奇蹟인 현대現代

장미는 강江가에 핀 나의 이름
집 집 굴뚝에서 솟아나는 문명文明의안개*
〈시인詩人〉 가엾은 곤충昆蟲이여
너의 울음이 도시都市에 들린다.

오래 토록* 네 욕망慾望은 사라진 회화繪畵
무성茂盛한 잡초원雜草園에서
환영幻影과 애정愛情과 비벼대던
그 연대年代의 이름도
허망虛妄한 어제 밤 버러지.

사랑은 조각彫刻에 나타난 추억追憶
이녕泥濘과 작별作別의 여로旅路에서
기대었던 수목樹木은 썩어지고
전신電信처럼 가벼웁고 재빠른
불안不安한 속력速力은 어데서 오나.

침묵沈默의 공포恐怖와 눈짓하던
그 무렵의 나의 운명運命은
기적奇蹟인
동양東洋의 하늘을 헤매고 있다.

***문명文明의안개** : '문명文明의 안개'가 맞으나 시인이 의도적으로 붙여 쓴 것으로 보인다.
***오래토록** : 시인의 의도적 띄어쓰기로 보인다.

불행不幸한 신神

오늘 나는 모든 욕망慾望과
사물事物에 작별作別하였습니다.
그래서 더욱 친親한 죽음과 가까워집니다.
과거過去는 무수無數한 내일來日에
잠이 들었습니다.
불행不幸한 신神
어데서나 나와 함께 사는
불행不幸한 신神
당신은 나와 단 둘이서
얼굴을 비벼 대고 비밀秘密을 터놓고
오해誤解나
인간人間의 체험體驗이나
고절孤絕된 의식意識에
후회後悔치* 않을 것입니다.
또 다시 우리는 결속結束되었습니다.
황제皇帝의 신하臣下처럼 우리는 죽음을 약속約束합니다.
지금 저 광장廣場의 전주電柱처럼 우리는 존재存在됩니다.
쉴 새 없이 내 귀에 울려오는 것은
불행不幸한 신神 당신이 부르시는
폭풍暴風입니다.
그러나 허망虛妄한 천지天地사이를
내가 있고 엄연奄然히 주검이 가로 놓이고
불행不幸한 당신이 있으므로

나는 최후最後의 안정安定을 즐깁니다.

***후회後悔치** : 시집본에는 '後悔ㅎ지'으로 되어 있다.

검은 신神이여

저 묘지墓地에서 우는 사람은 누구입니까.

저 파괴破壞된 건물建物에서 나오는 사람은 누구입니까

검은 바다에서 연기처럼 꺼진 것은 무엇입니까

인간人間의 내부內部에서 사멸死滅된 것은 무엇입니까.

일 년一年이 끝나고 그 다음에 시작되는 것은 무엇입니까.

전쟁戰爭이 빼앗아간 나의 친우親友는 어디서 만날 수 있습니까.

슬픔 대신에 나에게 죽음을 주시오.

인간人間을 대신하여 세상世上을 풍설風雪로 뒤덮어 주시오.

건물建物과 창백蒼白한 묘지墓地 있던 자리에

꽃이 피지 않도록.

하루의 일 년一年의 전쟁戰爭의 처참悽慘한 추억追憶은
검은 신神이여
그것은 당신의 주제主題일 것입니다.

미래未來의 창부娼婦

새로운 신神에게

여윈 목소리로 바람과 함께
우리는 내일來日을 약속約束치* 않는다.
승객乘客이 사라진 열차列車 안에서
오 그대 미래未來의 창부娼婦여
너의 희망希望은 나의 오해誤解와
감흥感興만이다.

전쟁戰爭이 머무른 정원庭園에
설레이며 다가드는
불운不運한 편력遍歷의 사람들
그 속에 나의 청춘靑春이 자고
절망絕望이 살던
오 그대 미래未來의 창부娼婦여
너의 욕망慾望은
나의 질투嫉妬와 발광發狂만이다.

향기香氣 짙은 젖가슴을
총銃알로 구멍 내고
암흑暗黑의 지도地圖 고절孤絕된 치마끝을
피와 눈물과
최후最後의 생명生命으로 이끌며
오 그대 미래未來의 창부娼婦여
너의 목표目標는 나의 무덤인가.

너의 종말終末도 영원永遠한 과거過去인가.

*약속約束치 : 시집본에는 '約束ㅎ지'으로 되어 있다.

밤의 노래

정막靜寞한 가운데
인광燐光처럼 비치는 무수한 눈
암흑暗黑의 지평地平은
자유自由에의 경계境界를 만든다.

사랑은 주검의 사면斜面으로 달리고
취약脆弱하게 조직組織된
나의 내면內面은
지금은 고독孤獨한 술병瓶.

밤은 이 어두운 밤은
안테나로 형성形成되었다
구름과 감정感情의 경위도經緯度에서
나는 영원永遠히 약속約束될
미래未來에의 절망絶望에 관關하여 이야기도 하였다.

또한 끝 없이 들려 오는* 불안不安한 파장波長
내가 아는 단어單語와
나의 평범平凡한 의식意識은
밝아올 날의 영역領域으로
위태危殆롭게 인접隣接되어 간다.

가느다란 노래도 없이

길목에선 갈대가 죽고
욱어진* 이신異神의 날개들이
깊은 밤.
저 기아飢餓의 별을 향向하여 작별作別한다.

고막鼓膜을 깨뜨릴 듯이
달려오는 전파電波
그것이 가끔 교회敎會의 종鍾소리에 합쳐
선線을 그리며
내 가슴의 운석隕石에 가라앉아* 버린다.

***욱어진** : 기운이 줄어든다는 뜻의 '욱다'의 의미로 해석된다.
***가라앉아** : 시집본에는 '가랁아'로 되어 있다.
***끝 없이 들려 오는** : 시인의 의도적 띄어쓰기로 보인다.

벽壁

그것은 분명히 어제의 것이다
나와는 관련關聯이 없는 것이다
우리들이 헤어질 때에
그것은 너무도 무정無情하였다.

하루 종일 나는 그것과 만난다
피避하면 피避할수록*
더욱 접근接近하는 것
그것은 너무도 불길不吉을 상징象徵하고 있다
옛날 그 위에 명화名畵가 그려졌다 하여
즐거워하던 예술가藝術家들은
모주리 죽었다.

지금 거기엔 파리와
아무도 읽지 않고
아무도 바라보지 않는
격문檄文과 정치政治포스터가 붙어 있을 뿐
나와는 아무 인연因緣이 없다.

그것은 감성感性도 이성理性도 잃은
멸망滅亡의 그림자
그것은 문명文明과 진화進化를 장해障害하는
사탄*의 사도使徒

나는 그것이 보기싫다.
그것이 밤낮으로
나를 가로 막기 때문에
나는 한 점의 피도 없이
말라 버리고
여왕女王이 부르시는 노래와
나의 이름도 듣지 못한다.

***피避할수록** : 시집본에는 '피할쑤록'으로 되어 있다.
***사탄** : 시집본에는 '싸탄'으로 되어 있다.

살아 있는 것이 있다면

현재現在의 시간時間과 과거過去의 시간時間은
거의 모두가 미래未來의 시간時間 속에 나타난다. — T.S. 엘리어트

살아 있는 것이 있다면
그것은 나와 우리들의 죽음보다도
더한 냉혹冷酷하고 절실切實한
회상回想과 체험體驗일지도 모른다.

살아 있는 것이 있다면
여러 차례의 살육殺戮에 복종服從한 생명生命보다도
더한 복수復讐와 고독孤獨을 아는
고뇌苦惱와 저항抵抗일지도 모른다.

한걸음 한걸음* 나는 허물어지는*
정적靜寂과 초연硝煙의 도시都市 그 암흑暗黑 속으로……
명상瞑想과 또 다시 오지 않을 영원永遠한 내일來日로……
살아 있는 것이 있다면
유형流刑의 애인愛人처럼 손잡기 위하여
이미 소멸消滅된 청춘靑春의 반역反逆을 회상回想하면서
회의懷疑와 불안不安만이 다정多情스러운
모멸侮蔑의 오늘을 살아 나간다.

……아 최후로 이 성자聖者의 세계世界에
살아 있는 것이 있다면 분명히
그것은 속죄贖罪의 회화繪畵 속의 나녀裸女와
회상回想도 고뇌苦惱도 이제는 망령妄靈에게 팔은

철없는 시인詩人
나의 눈 감지 못한
단순單純한 상태狀態의 시체屍體일 것이다……

*한걸음 한걸음 : 시어로 보인다.
*허물어지는 : 시집본에는 '허무러지는'으로 되어 있다.

불신不信의 사람

나는 바람이 길게 멈출 때
항구港口의 등불과
그 위대偉大한 의지意志의 설움이
불멸不滅의 씨를 뿌리는 것을 보았다.

폐肺에 밀려드는 싸늘한 물결처럼
불신不信의 사람과 망각忘却의 잠을 이룬다.
피와 외로운 세월歲月과
투영投影되는 일체一切의 환상幻想과
시詩보다도 더욱 가난한 사랑과
떠나는 행복幸福과 같이
속삭이는* 바람과
오 공동묘지共同墓地에서 퍼덕이는
시발始發과 종말終末의 깃발*과
지금은 밀폐密閉된 이런 세계世界에서
권태倦怠롭게
우리는 무엇을 이야기 하는가.

***속삭이는** : 시집본에는 '속사기는'으로 되어 있는데, '사기다'라는 단어가 있다.
***깃발** : 시집본에는 '旗ㅅ발'로 되어 있다.

등불이 꺼진 항구港口에
마지막 조용한 의지意志의 비는 나리고
내 불신不信의 사람은 오지 않았다.
내 불신不信의 사람은 오지 않았다.

서적書籍과 풍경風景

서적書籍은 황폐荒幣한 인간人間의 풍경風景에 광채廣栄를 띄웠다.
서적書籍은 행복幸福한 자유自由와 어떤 지혜智慧를
인간人間에게 알려 주었다.

지금은 살육殺戮의 시대時代
침해侵害된 토지土地에서는 인간人間이 죽고
서적書籍만이
한限 없는 역사歷史를 이야기 해준다.

오래도록 사회社會가 성장成長하는 동안
활자活字는 기술技術과 행렬行列의 혼란混亂을 이루었다.
바람에 퍼덕이는 여러 페이지 들*
그 사이에는
자유自由 불란서佛蘭西 공화국共和國의 수립樹立
영국英國의 산업혁명産業革命
F. 루즈벨트 씨氏의 미소微笑와 아울러
〈뉴기니아〉와 〈오키나와〉를 거쳐
전함戰艦 미주리호號*에 이르는 인류人類의 과정過程이
모두 가혹苛酷한 회상回想을 동반同伴하며 나타나는 것이다.

내가 옛날 위대偉大한 반항反抗을 기도企圖하였을 때
서적書籍은 백주白晝의 장미와 같은
창연蒼然하고도 아름다운 풍경風景을

마음속에 그려 주었다.
소련蘇聯에서 돌아온 앙드레 지드 씨氏
그는 진리眞理와 존엄尊嚴에 빛나는 얼굴로
자유自由는 인간人間의 풍경風景 속에서
가장 중요重要한 요소要素이며
우리는 영원永遠한 〈풍경風景〉을 위해
자유自由를 옹호擁護하자고 말하고
한국韓國에서의 전쟁戰爭이 치열熾烈의 고조高潮에
달達하였을 적에
모멸侮蔑과 연옥煉獄의 풍경風景을
응시凝視하며 떠났다.

1951년一九五一年의 서적書籍
나는 피로疲勞한 몸으로 백설白雪을 밟고 가면서
이 암흑暗黑의 세대世代를 휩쓰는
또 하나의 전율戰慄이
어데 있는가를 탐지探知하였다.
오래도록 인간人間의 힘으로 인간人間인 때문에
위기危機에 봉착逢着된 인간人間의 최후最後를
공산주의共産主義의 심연深淵에서 구출救出코자*
현대現代의 이방인異邦人 자유自由의 용사勇士는
세계世界의 한촌寒村 한국韓國에서 죽는다.
스코틀랜드에서 애인愛人과 작별作別한 R. 지미 군君

잔다르크의 전기傳記를 쓴 페르디난드 씨氏
태평양太平洋의 밀림密林과 여러 호소湖沼의 질병疾病과 싸우고
〈바타안〉과 〈코레히도르〉*의 준열峻烈의 신화神話를
자랑하던 톰 미첨 군君
이들은 한 사람이 아니다. 신神의 제단祭壇에서
인류人類만의 과감果敢한 행동行動과 분노憤怒로
사랑도 기도祈禱도 없이
무명고지無名高地 또는 무명계곡武名溪谷에서 죽었다.

나는 눈을 감는다.
평화平和롭던 날 나의 서재書齋에 군집群集했던
서적書籍의 이름을 에운다.
한권卷 한권卷이
인간人間처럼 개성個性이 있었고
죽어간 병사兵士처럼 나에게 눈물과
불멸不滅의 정신精神을 알려준 무수無數한 서적書籍의 이름을……
이들은 모이면 인간人間이 살던
원야原野와 산山과 바다와 구름과 같은
인상印象의 풍경風景을 내 마음에 투영投影해주는 것이다.

지금 싸움은 지속持續된다.
서적書籍은 불타오른다.
그러나 서적書籍과 인상印象의 풍경風景이여

너의 구원久遠한 이야기와 표정表情은 너만의 것이 아니다.
F. 루즈벨트 씨氏가 죽고
더글러스 맥아더가 육지陸地에 오를 때
정의正義의 불을 토吐하던
여러 함정艦艇과 기총機銃과 태평양太平洋의 파도波濤는 잔잔하였다.
이러한 시간時間과 역사歷史는
또 다시 자유自由 인간人間이 참으로 보장保障될 때
반복反覆될 것이다.
비참悲慘한 인류人類의
새로운 미주리호號에의 과정過程이여
나의 서적書籍과 풍경風景은
내 생명生命을 건 싸움 속에 있다.

***여러 페이지 들** : 의도적 띄어쓰기로 보인다.
***미주리호號** : 일본의 항복문서 조인식이 있었던 미국의 전함. 시집본에는 '미조오리號'로 되었다.
***구출救出코자** : 시집본에는 '救出ㅎ고자'로 되어 있다.
***〈바타안〉과 〈코레히도르〉** : 필리핀 마닐라 서쪽 해상의 방위 요충지. 시집본에는 〈바탄〉과 〈코레히돌〉로 되어 있다.

1953년一九五三年의 여자女子에게

유행流行은 섭섭하게도
여자女子들에게서 떠났다.
왜?
그것은 스스로의 기원起源을 찾기 위하여

어떠한 날
구름과 환상幻想의 접경接境을 더듬으며
여자女子들은
불길不吉한 옷자락을 벗어버린다.

회상回想의 푸른 물결처럼
고독孤獨은 세월歲月에 살고
혼자서 흐느끼는
해변海邊의 여신女神과도 같이
여자女子들은 완전完全한 시간時間을 본다.

황막荒漠한 연대年代여
거품과 같은 허영虛榮이여
그것은 깨어진 거울의 여윈 인상印象.

필요必要한 것과
소모消耗의 비례比例를 위하여
전쟁戰爭은 여자女子들의 눈을 감시監視한다.

코르셋*으로 침해侵害된 건강健康은
또한 유행流行은 정신精神의 방향方向을 봉쇄封鎖한다.

여기서 최후最後의 길손을 바라볼 때
허약虛弱한 바늘처럼
바람에 쓰러지는
무수無數한 육체肉體
그것은 카인의 정부情婦보다
사나운 독毒을 풍긴다.

출발出發도 없이
종말終末도 없이
생명生命은 부질하게도
여자女子들에게서 어두움처럼 떠나는 것이다.
왜?
그것을 대답對答하기에는
너무도 준열峻烈한 사회社會가 있었다.

***코르셋** : 시집본에는 '코르세트'로 되어 있다. '코르셋(corset)'은 배와 허리의 맵시를 내기 위해 배에서 엉덩이에 걸쳐 입는 여자의 속옷이다.

종말終末

생애生涯를 끝마칠
임종臨終의 존엄尊嚴을 앞두고
정치가政治家와 회색 양복灰色洋服을 입은 교수敎授와
물가지수物價指數를 논의論議하던
불안不安한 샹들리에 아래서
나는 웃고 있었다.

피로疲勞한 인생人生은
지나支那의 벽壁처럼 우수수 무너진다.
나도 이제 유형類型되어
나의 종말終末의 목표目標를 지향指向하고 있었다.
그러나 숨가쁜 호흡呼吸은 끊기지 않고
의식意識은 죄수罪囚와도 같이 밝아질 뿐

밤마다 나는 장미를 꺾으러
금단禁斷의 계곡溪谷으로 내려가서
동란動亂을 겪은 인간人間처럼 온 손가락을 피로 물들이어
암흑暗黑을 덮어주는 월광月光을 가리키었다.
나를 쫓는 꿈의 그림자
다음과 같이 그는 말하는 것이다.
…… 지옥地獄에서 밀려 나간 운명運命의 패배자敗北者
너는 또 다시 돌아올 수 없다……

……처녀處女의 손과 나의 장갑을
구름의 의상衣裳과 나의 더럽힌 입술을……
이런 유행가流行歌의 구절句節을
새벽녘 싸늘한 피부皮膚가 나의 육체肉體와 마주칠 때까지
노래하였다.
노래가 멈춘 다음
내 죽음의 막幕이 오를 때

오 생애生涯를 끝마칠 나의 최후最後의 주변周邊에
양주洋酒값을
구두값을 책冊값을
네가 들어갈 관棺값을 청산淸算하여 달라고
(그들의 사회社會의 예절禮節과 언어言語를 확실確實히 체득體得하고 있다)
달려 든 지낸 날의* 친우親友들.

죽을 수도 없고
옛이나 현재現在나 변함이 없는 나
정치가政治家와 회색灰色 양복洋服 입은 교수敎授의 부고訃告와
그 상단上段에 보도報道되어 있는
어제의 물가시세物價時勢를 보고
세 사람이 논의論議하던 그 시절時節보다
모든 것이 천千 배倍 이상以上이나 앙등昻騰되어 있는 것을 나는 알았다.

허나 봄이 되니 수목樹木은 또 다시 부풀어 오르고
나의 종말終末은 언제인가

어두움처럼 생生과 사死의 구분區分 없이
항상 임종臨終의 존엄尊嚴만 앞두고
호수湖水의 물결이나 또는 배처럼
한계限界만을 헤매이는
지옥地獄으로 돌아갈 수도 없는 자者
이젠 얼굴도 이름도 스스로 기억記憶치* 못하는
영원永遠한 종말終末을
웃고 울며 헤매는 또 하나의 나.

***지낸 날의** : 시인의 의도적 표현으로 보인다.
***어두움** : 시집본에는 '어드움'으로 되어 있다.
***기억記憶치** : 시집본에는 '記憶ㅎ지'로 되어 있다.

밤의 미매장未埋葬

우리들을 괴롭히는 것은 주검이 아니라 장례식葬禮式이다.

당신과 내일來日부터는 만나지 맙시다.
나는 다음에 오는 시간時間부터는 인간人間의 가족家族이 아닙니다.
왜 그러할 것인지 모르나
지금처럼 행복幸福해서는
조금 전처럼 착각錯覺이 생겨서는
다음부터는 피가 마르고 눈은 감길 것입니다.

사랑하는 당신의 침대寢臺 위에서
내가 바랄 것이란 나의 비참悲慘이 연속連續되었던
수없는 음영陰影의 연월年月이
이 행복幸福의 순간瞬間처럼 속히 끝나줄 것입니다.
…… 뇌우雷雨속의 천사天使
그가 피를 토吐하며 알려 주는 나의 위치位置는
광막廣漠한 황지荒地에 세워진 궁전宮殿보다도 더욱 꿈같고
나의 편력遍歷처럼 애처롭다는 것입니다.

사랑하는 당신의 부드러운 젖과 가슴을 내 품 안에 안고
나는 당신이 죽는 곳에서 내가 살며
내가 죽는 곳에서 당신의 출발出發이 시작된다고……
황홀恍惚히 생각합니다.
그리고 저기 무지개처럼 허공虛空에 그려진
감촉感觸과 향기香氣만이 짙었던 청춘靑春의 날을 바라봅니다.

당신은 나의 품속에서 신비神秘와 아름다운 육체肉體를
숨김 없이 보이며 잠이 들었습니다.
불멸不滅의 생명生命과 나의 사랑을 대치代置하셨습니다.
호흡呼吸이 끊긴 불행한 천사天使……
당신은 빙화氷花처럼 차거우면서도
아름답게 행복幸福의 어두움 속으로 떠나셨습니다.
고독孤獨과 함께 남아 있는 나와
희미한 감응感應의 시간時間과는 이젠 헤어집니다
장송곡葬送曲을 연주演奏하는 관악기管樂器모양
최종最終 열차列車의 기적汽笛이 정신精神을 두드립니다.
시체屍體인 당신과
벌거벗은 나와의 사실事實을
불안不安한 지구地區에 남기고
모든 것은 물과 같이 사라집니다.

사랑하는 순수純粹한 불행不幸이여 비참悲慘이여 착각錯覺이여
결決코 그대만은
언제까지나 나와 함께 있어 주시오
내가 의식意識하였던
감미甘味한 육체肉體와 회색灰色사랑과
관능적官能的인 시간時間은 참으로 짧았습니다.
잃어버린 것과
욕망慾望에 살던 것은……

사랑의 자체姿體와 함께 소멸消滅되었고
나는 다음에 오는 시간時間부터는 인간人間의 가족家族이 아닙니다.
영원永遠한 밤
영원永遠한 육체肉體
영원永遠한 밤의 미매장未埋葬
나는 이국異國의 여행자旅行者처럼
무덤에 핀 차거운 흑黑장미를 가슴에 답니다.
그리고 불안不安과 공포恐怖에 펄떡이는
사자死者의 의상衣裳을 몸에 휘감고
바다와 같은 묘망渺茫한 암흑暗黑 속으로 뒤돌아 갑니다.
허나 당신은 나의 품 안에서 의식意識은 회복回復치* 못합니다.

*회복回復치 : 시집본에는 '回復ㅎ지'으로 되어 있다.

의혹疑惑의 기旗

얇은 고독孤獨처럼 퍼덕이는 기旗
그것은 주검과 관념觀念의 거리距離를 알린다.

허망虛妄한 시간時間
또는 줄기찬 행운幸運의 순시瞬時
우리는 도립倒立된 석고石膏처럼
불길不吉을 바라 볼 수 있었다.
낙엽落葉처럼 싸움과 청년靑年은 흩어지고
오늘과 그 미래未來는 확립確立된 사념思念이 없다.

바람 속의 내성內省
허나 우리는 죽음을 원願치* 않는다.
피폐疲弊한 토지土地에선
한줄기 연기煙氣가 오르고
우리는 아무 말도 없이 눈을 감았다.

최후最後처럼 인상印象은 외롭다.
안구眼球처럼 의욕意慾은 숨길 수가 없다.
이러한 중간中間의 면적面積에
우리는 떨고 있으며
떨리는 깃발* 속에
모든 인상印象과 의욕意慾은 그 모습을 찾는다.

195一九五……년年의 여름과 가을에 걸쳐서
애정愛情의 뱀은 어두움에서 암흑暗黑으로
세월歲月과 함께 성숙成熟하여 갔다.
그리하여 나는 비틀거리며
뱀이 걸어간 길을 피했다.

잊을 수 없는 의혹疑惑의 기旗
잊을 수 없는 환상幻想의 기旗
이러한 혼란混亂된 의식意識 아래서
〈아포롱*〉은 위기危機의 병을 껴안고
고갈枯渴된 세계에 가라앉아* 간다.

***원願치** : 시집본에는 '願ㅎ지'으로 되어 있다.
***깃발** : 시집본에는 '旗ㅅ발'로 되어 있다.
***아포롱** : 아포롱은 '아폴론(Apollon)'을 의미하며, 그리스 신화에 나오는 예언 · 의료 · 궁술 · 음악 · 시의 신이다.
***가라앉아** : 시집본에는 '가랁아'로 되어 있다.

문제問題되는 것

허무虛無의 작가作家 김광주金光洲에게

평범平凡한 풍경風景 속으로
손을 뻗치면
거기서 길게 설레이는
문제問題되는 것을 발견發見하였다.
죽는 즐거움보다도
나는 살아나가는 괴로움에
그 문제問題되는 것이
틀림없이 실재實在되어 있고 또한 그것은
나와 내 그림자 속에
넘쳐 흐르고* 있는 것을 알았다.

이 암흑暗黑의 세상世上에 허다許多한 그것 들이*
산재散在되어 있고
나는 또한 어두움을 찾아 걸어 갔다.

아침이면
누구도 알지 못하는 나만의 비밀秘密이
내 피곤疲困한 발걸음을 최촉催促하였고
세계世界의 낙원樂園이었던
대학大學의 정문正門은
지금 총銃칼로 무장武裝되었다.

목수木手꾼 정치가政治家여

너의 얼굴은 황혼黃昏처럼 고웁다
옛날 그 이름 모르는 토지土地에 태어나
굴욕屈辱과 권태倦怠로운 영상影像에 속아가며
네가 바란 것은 무엇이었더냐

문제問題되는 것
평범平凡한 죽음 옆에서
한 없이 우리를 괴롭히는 것

나는 내 젊음의 절망絶望과
이 처참悽慘이 이어주는 생명生命과 함께
문제問題되는 것만이
군집群集되어 있는 것을 알았다.

***넘쳐흐르고** : 시인의 의도적 띄어쓰기로 보인다.
***그것 들이** : 시인의 의도적 띄어쓰기로 보인다.

눈을 뜨고도

우리들의 섬세纖細한 추억追憶에 관關하여
확신確信할 수 있는 잠시暫時
눈을 뜨고도
볼 수 없는 상태狀態는 어찌할 수가 없었다.

진눈깨비 처럼 아니
이지러진 사랑의 환영幻影처럼
빛나면서도
암흑暗黑처럼 다가오는
오늘의 공포恐怖
거기 나의 기묘奇妙한 청춘靑春은 자고
세월歲月은 간다.

녹슬은* 흉부胸部에
잔잔한 물결에 회상回想과 회환悔恨은 없다.

푸른 하늘 가를
기나긴 하계夏季의 비는 내렸다.
겨레와 울던 감상感傷의 날도
진실眞實로
눈을 뜨고도 볼 수 없는 상태狀態
우리는 결코
맹목盲目의 시대時代에 살고 있는 것인가.

시력視力은 복종服從의 그늘을 찾고 있는 것인가

지금 우수憂愁에 잠긴 현창舷窓에 기대어
살아 있는자者의* 선택選擇과
죽어간 놈의 침묵沈黙처럼
보이지는 않으나 관능官能과 의지意志의
믿음만을 원願하며
목을 굽히는 우리들
오 인간人間의 가치價値와
조용한 지면地面에 파묻힌 사자死者들

또 하나의 환상幻想과
나의 불길不吉한 혐오嫌惡
참으로 조소嘲笑로운 인간人間의 주검과
눈을 뜨고도
볼 수 없는 상태狀態
얼마나 무서운 치욕恥辱이냐.
단지 존재存在와 부재不在의 사이에서

*녹슬은 : 시집본에는 '녹쓸은'으로 되어 있다.
*살아 있는자者의 : 의도적으로 붙여쓴 것으로 보인다.

행복幸福

노인老人은 육지陸地에서 살았다.
하늘을 바라보며 담배를 피우고
시들은 풀잎에 앉아
손금도 보았다.
차茶 한 잔을 마시고
정사情死한 여자女子의 이야기를
신문新聞에서 읽을 때
비둘기는 지붕 위에서 훨훨 날았다.
노인老人은 한숨도 쉬지 않고
더욱 아무것도 바라지 않으며
성서聖書를 에우고 불을 끈다.
그는 행복幸福이라는 것을 말하지 않았다.
거저 고요히 잠드는 것이다.

노인老人은 꿈을 꾼다.
여러 친구와 술을 나누고
그들이 죽음의 길을 바라보던 전날을.
노인老人은 입술에 미소를 띠우고
쓰디쓴 감정을 억제할 수가 있다.
그는 지금의 어떠한 순간瞬間도
증오憎惡 할 수가 없었다.
노인老人은 죽음을 원하기 전에
옛날이 더욱 영원永遠한 것처럼 생각되며

자기自己와 가까이 있는 것이
멀어져 가는 것을
분간 할 수가 있었다.

미스터 모某의 생生과사死*

입술에 피를 바르고
미스터 모某는 죽는다.

어두운 표본실標本室에서
그의 생존시生存時의 기억記憶은
　　미스터 모某의 여행旅行을
　　기다리고 있었다.

원인原因도 없이
유산遺産은 더욱 없이
미스터 모某는 생生과 작별作別하는 것이다.

일상日常이 그러한 것과 같이
주검은 친우親友와도 같이
　　다정多情스러웠다.

미스터 모某의 생生과 사死는
신문新聞이나 잡지雜誌의 대상對象이 못된다.
오직 유식有識한 의학도醫學徒의
일편一片의 소재素材로서
해부解剖의 대臺에 그 여운餘韻을 남긴다.

무수無數한 촉광燭光 아래

상흔傷痕은 확대擴大되고
미스터 모某는 죄가 많았다.
그의 청순淸純한 아내
지금 행복幸福은 의식意識의 중간中間을 흐르고 있다.

결코
평범平凡한 그의 죽음을 비극悲劇이라 부를 수 없었다.
산산散散이 찢어진 불행不幸과
결합結合된 생生과 사死와
이러한 고독孤獨의 존립存立을 피避하며
미스터 모某는
영원永遠히 미소微笑하는 심상心象을
손쉽게 잡을 수가 있었다.

***생生과사死** : 시집본 본문 제목과 목차에도 붙어 있다. 생과 사가 떨어져 있지 않음을 의미하는 것으로 보인다.

목마木馬와 숙녀淑女

한 잔의 술을 마시고
우리는 버지니아 울프*의 생애生涯와
목마木馬를 타고 떠난 숙녀淑女의 옷자락을 이야기 한다
목마木馬는 주인主人을 버리고 거저 방울 소리만 울리며
가을 속으로 떠났다 술병에서 별이 떨어진다
상심傷心한 별은 내 가슴에 가벼웁게 부숴진다
그러한 잠시 내가 알던 소녀少女는
정원庭園의 초목草木옆에서 자라고
문학文學이 죽고 인생人生이 죽고
사랑의 진리眞理마저 애증愛憎의 그림자를 버릴 때
목마木馬를 탄 사랑의 사람은 보이지 않는다
세월은 가고 오는 것
한 때는 고립孤立을 피하여 시들어 가고
이제 우리는 작별作別하여야 한다
술병이 바람에 쓰러지는 소리를 들으며
늙은 여류작가女流作家의 눈을 바라다 보아야 한다
……등대燈臺에……
불이 보이지 않아도
거저 간직한 페시미즘의 미래未來를 위하여
우리는 처량한 목마木馬 소리를 기억記憶하여야 한다
모든 것이 떠나든 죽든
거저 가슴에 남은 희미한 의식意識을 붙잡고
우리는 버지니아 울프의 서러운 이야기를 들어야한다

두 개의 바위 틈을 지나 청춘青春을 찾은 뱀과 같이
눈을 뜨고 한 잔의 술을 마셔야한다
인생人生은 외롭지도 않고
거저 잡지雜誌의 표지表紙처럼 통속通俗 하거늘
한탄할 그 무엇이 무서워서 우리는 떠나는 것일까
목마木馬는 하늘에 있고
방울소리는 귓전에 철렁 거리는데
가을 바람소리는
내 쓰러진 술병 속에서 목메어 우는데

***버지니아 울프** : 영국의 작가. 시집본에는 '바아지니아 · 울프'로 되어 있다.

센티멘털 저니*

주말週末 여행旅行
엽서葉書……낙엽落葉
낡은 유행가流行歌의 설음에 맞추어
피폐疲弊한 소설小說을 읽던 소녀少女.

이태백李太白의 달은
울고 떠나고
너는 벽화壁畵에 기대어
담배를 피우는 숙녀淑女.

카프리 섬의 원정園丁
파이프의 향기香氣를 날려 보내라
이브는 내 마음에 살고
나는 그림자를 잡는다.

세월歲月은 관념觀念
독서讀書는 위장僞裝
거저 죽기 싫은 예술가藝術家.

오늘이 가고 또 하루가 온들
도시都市에 분수噴水는 시들고
어제와 지금의 사람은
천상 유사天上有事를 모른다.

술을 마시면 즐겁고
비가 내리면 서럽고
분별分別이여 구분區分이여.

수목樹木은 외롭다
혼자 길을 가는 여자女子와 같이
정情다운 것은 죽고
다리 아래 강江은 흐른다.

지금 수목樹木에서 떨어지는 엽서葉書
긴 사연은
구름에 걸린 달 속에 묻히고
우리들은 여행旅行을 떠난다.

주말週末 여행旅行
별 말씀
거저 옛날로 가는 것이다.

아 센티멘털 저니
센티멘털 저니

***센티멘털 저니** : 「센티멘털 저니」는 1768년 영국의 작가 L. 스턴이 요양을 하면서 쓴 기행문의 제목. '센티멘털리즘'이란 말을 유행시키기도 했다. 시집본에는 '센치멘탈 · 짜아니'로 되어 있다. 이 시의 마지막 연 또한 마찬가지다.
***설움** : 시집본에는 '설음'로 되어 있다.

아메리카 시초詩抄

태평양太平洋 에서*

갈매기와 하나의 물체物體
〈고독孤獨〉
연월年月도 없고 태양太陽도 차겁다.
나는 아무 욕망慾望도 갖지 않겠다.
더욱이 낭만浪漫과 정서情緖는
저기 부서지는 거품 속에 있어라.
죽어간 자者의 표정表情처럼
무겁고 침울한 파도波濤 그것이 노怒할 때
나는 살아있는 자者라고 외칠 수 없었다.
그저 의지意志의 믿음만을 위하여
심유深幽한 바다 위를 흘러가는 것이다.

태평양太平洋에 안개가 끼고 비가 내릴 때
검은 날개에 검은 입술을 가진
갈매기들이 나의 가까운 시야視野에서 나를 조롱한다.
〈환상幻想〉
나는 남아 있는 것과
잃어버린 것과의* 비례比例를 모른다.

옛날 불안不安을 이야기 했었을 때
이 바다에선 포함砲艦이 가라앉고
수십만數十萬의 인간人間이 죽었다.
어둠 침침한 조용한 바다에서 모든 것은 잠이 들었다.

그렇다. 나는 지금 무엇을 의식意識하고 있는가?
단지 살아 있다는 것만으로서.

바람이 분다.
마음대로 불어라. 나는 데크에 매달려
기념紀念이라고 담배를 피운다.
무한無限한 고독孤獨. 저 연기煙氣는 어디로 가나.

밤이여. 무한無限한 하늘과 물과 그 사이에
나를 잠들게 해라.

(태평양太平洋 에서*)

***태평양太平洋 에서** : 시집본 목차에는 띄어쓰기가 없으나 본문 시편에서는 '太平洋 에서'로 띄어쓰기가 되어 있다. 이는 박인환의 의도적 띄어쓰기로 보인다. '— 들', '— 에서' 등 복수형태나 장소를 가리킬 때 박인환은 띄어쓰기를 종종 사용한다.

***잃어버린 것과의** : 시집본에는 '잃어버린 것 과의'로 되어 있다. 시인의 의도적 띄어쓰기로 보인다.

15+五일간日間

깨끗한 시트* 위에서
나는 몸부림을 쳐도 소용所用이 없다.
공간空間에서 들려오는 공포恐怖의 소리
좁은 방房에서 나비 들이 날은다.
그것을 들어야 하고
그것을 보아야 하는
의식儀式.
오늘은 어제와 분별分別이 없건만
내가 애태우는 사람은 날로 멀건만
죽음을 기다리는 수인囚人과 같이
권태倦怠로운 하품을 하여야 한다.

창窓밖에 날리는 미립자微粒子
거짓말이 많은 사전辭典
헐수 없이 나는 그것을 본다
변화變化가 없는 바다와 하늘 아래서
욕辱할 수 있는 사람도 없고
알래스카에서 달려온 갈매기처럼
나의 환상幻想의 세계世界를 휘 돌아야 한다.

위스키 한 병甁 담배 열 갑
아니 내 정신精神이 소모消耗되어 간다. 시간時間은
15+五일간日間을 태평양太平洋에서는 의미意味가 없다.

허지만
고립孤立과 콤플렉스의 향기香氣는
내 얼굴과 금간 육체肉體에 젖어 버렸다.

바다는 노怒하고 나는 잠들려고 한다
누만년累萬年의 자연自然속에서 나는 자아自我를 꿈꾼다.
그것은 기묘奇妙한 욕망慾望과
회상回想의 파편破片을 다듬는
음참陰慘한 망집妄執이기도 하다.

밤이 지나고 고뇌苦惱의 날이 온다.
척도尺度를 위하여 커피를 마신다.
사변四邊은 철鐵과 거대巨大한 비애悲哀에 잠긴
하늘과 바다.
그래서 나는 어제 외롭지 않았다.

(태평양太平洋 에서*)

***시트** : 시집본에는 '시이스'라고 되었으나 'sheet'로 해석된다.
***태평양太平洋 에서** : '— 들', '— 에서' 등 복수형태나 장소를 가리킬 때 박인환은 띄어쓰기를 종종 사용한다.

충혈充血된 눈동자

STRAIT OF JUAN DE FUCA*를 어제 나는
지냈다.*
눈동자에 바람이 휘도는
이국異國의 항구港口 올림피아*
피를 토吐하며 잠 자지 못하던 사람들이
행복幸福이나 기다리는 듯이 거리에 나간다.

착각錯覺이 만든 네온의 거리
원색原色과 혈관血管은 내 눈엔 보이지 않는다.
거품에 넘치는 술을 마시고
정욕情慾에 불타는 여자女子를 보아야 한다.
그의 떨리는 손가락*이 가리키는
무거운 침묵沈黙 속으로 나는
발버둥 치며 달아나야 한다.

세상世上은 좋았다.
피의 비가 내리고
주검의 재가 날리는 태평양太平洋을 건너서
다시 올수 없는 사람은 떠나야 한다
아니 세상世上은 불행不幸하다고 나는 하늘에
고함친다
몸에서
베고니아*처럼 화끈거리는 욕망慾望을 위해

거짓과 진실을 마음대로 써야한다.

젊음과 그가 가지는 기적奇蹟은
내 허리에 비애悲哀의 그림자를 던졌고
도시都市의 계곡溪谷 사이를 달음박질 치는
육중한 바람을
충혈充血된 눈동자는 바라다 보고 있었다.

(올림피아 에서*)

*STRAIT JUAN DE FUCA : 후안 드 푸카 해협. 북대평양 동부 연안에 있는 캐나다와 미국의 국경 사이에 있는 해협으로 길이가 150km, 폭은 30km 에 이른다. 이 해협의 이름은 1788년 영국의 선장 존 미리스(John Meares)에 의해 명명된 것으로, 원래는 1592년에 우화에 등장하는 아니안 해협(straits of Anian)을 찾아 떠난 그리스 항해사의 이름이었다.

*지냈다 : '지났다'의 오식이 의심되지만 시어로 읽어도 무방해 보인다.

*올림피아 : 미국 워싱턴 주의 수도이자 항구도시이다. 예로부터 수입항으로 번영하였고, 굴어업의 본고장이기도 하다. 재목과 다양한 목제품이 특산이며, 맥주 · 통조림 · 주방용품 제조와 조선업이 성행한다. 도시가 창설된 지 얼마 안 된 1853년에 워싱턴 준주(準州)의 주도(州都)가 되었다.

*손가락 : 시집본에는 '손 가락'으로 되어 있다.

*베고니아 : 열대 · 아열대 원산의 관상용 식물이다. 잎은 대개 둥글고 어긋맞게 나며, 분홍 · 하양 · 빨강 등 여러 가지 빛깔의 꽃이 피는 것으로 유명하다. 잎이 좌우대칭으로 어긋나 있어서 "짝사랑"이란 꽃말이 붙어 있다.

*올림피아 에서 : '— 들', '— 에서' 등 복수형태나 장소를 가리킬 때 박인환은 띄어쓰기를 종종 사용한다.

어느 날

4월四月 10일十日의 부활제復活祭를 위하여
포도주 한 병을 산 흑인黑人과
빌딩의 숲속을 지나
에이브러햄 링컨의 이야기를 하며
영화관映畵館의 스틸 광고廣告를 본다.
……카르멘 존스*……

미스터 몬은 트럭을 끌고
그의 아내는 쿡크와 입을 맞추고
나는 〈지렌〉 회사會社의 텔레비전을 본다.

한국韓國에서 전사戰死한 중위中尉의 어머니는
이제 처음 보는 한국韓國사람이라고 내 손을 잡고
시애틀 시가市街를 구경시킨다.

많은 사람이 살고
많은 사람이 울어야하는
아메리카의 하늘에 흰 구름.
그것은 무엇을 의미意味하는가.

나는 들었다 나는 보았다
모든 비애悲哀와 환희歡喜를.

아메리카는 휘트먼*의 나라로 알았건만
아메리카는 링컨의 나라로 알았건만
쓴 눈물을 흘리며
브라보……코리언 하고
흑인黑人은 술을 마신다.

(에베레트 에서*)

*카르멘 존스 (Carmen Jones) : 비제의 오페라 『카르멘』을 각색한 오토 플레밍거(Otto Preminger) 감독의 영화(1954)이다. 또한 이 영화는 스페인 집시 카르멘을 흑인 여성으로 그리고 전체 인물을 흑인으로 등장시켜 흑인 고유의 다이나믹한 춤과 음악으로 결합한 이채로움을 보여준다. 비평과 흥행에서 대단한 성공을 거두었다. 시집본에는 '카아멘 · 존스'로 되어 있다.

*휘트먼 (Walt Whitman : 1819–1892) : 미국의 시인이다. 그는 합승마차의 마부석 옆에 앉거나 나룻배에 타면서 민중의 생태를 관찰하고, 아버지의 목수일을 도우며 많은 시간을 독서와 사색으로 보냈는데, 이 시기를 거쳐서 시인으로 성장한다. 1855년 시집 "Leaves of Grass"를 출판하였으며, 이후 "카라마스" 등의 시를 통해 사랑과 연대라고 하는 주제를 표현하며 이른바 '예언자 시인'으로의 변모를 드러냈다. 시집본에는 '휫트맨'으로 되어 있다.

*에베레트 에서 : '— 들', '— 에서' 등 복수형태나 장소를 가리킬 때 박인환은 띄어쓰기를 종종 사용한다.

어느 날의 시詩가 되지 않는 시詩

당신은 일본인日本人이지요?
차이니이즈? 하고 물을 때
나는 불쾌不快하게 웃었다.
거품이 많은 술을 마시면서
나도 물었다
당신은 아메리카 시민市民입니까?
나는 거짓말 같은 낡아빠진 역사歷史와
우리 민족民族과 말이 단일單一하다는 것을
자랑스럽게 말했다.
황혼黃昏.
태번* 구석에서 흑인黑人은 구두를 닦고
거리의 소년少年이 즐겁게 담배를 피우고 있다.

여우女優 〈가르보*〉의 전기책傳記册이 놓여있고
그 옆에는 디텍티이브 스토리가 쌓여있는
서점書店의 쇼윈도
손님이 많은 가게 안을 나는 들어가지 않았다.

***태번** (tavern) : 미국의 선술집. 시집본에는 '타아반'으로 되어 있다.
***가르보** (Greta Garbo : 1905–1990) : 스웨덴 스톡홀름 출생. 1922년 백화점 점원이었다가 영화계에 데뷔, 1925년 미국으로 건너가 오랫동안 은막의 여왕으로 군림하였다. 36세 때 연예계에서 은퇴, 뉴욕에서 은둔생활을 하였다. 대표작으로 《마타하리 Mata Hari》 (1931), 《그랜드 호텔 Grand Hotel》 (1932), 《크리스티나 여왕 Queen Christina》 (1933), 《안나 카레니나 Anna Karenina》 (1935), 《춘희 Camille》 (1936) 등이 있다. 시집본에는 '갈보'로 되어 있다.

비가 내린다.
내 모자 위에 중량重量이 없는 억압抑壓이 있다.
그래서 뒷길을 걸으며
서울로 빨리 가고 싶다고
센티멘털한 소리를 한다.

(에버레트 에서*)

***에버레트 에서** : '— 들', '— 에서' 등 복수형태나 장소를 가리킬 때 박인환은 띄어쓰기를 종종 사용한다.

여행旅行

나는 나도 모르는 사이에 먼 나라로
여행旅行의 길을 떠났다.
수중엔 돈도 없이
집에 쌀도 없는 시인詩人이
누구의 속임인가
나의 환상幻想인가
거저 배를 타고
많은 인간人間이 죽은 바다를 건너
낯선 나라를 돌아다니게 되었다.

비가 내리는 주립공원州立公園을 바라보면서
200년二百年 전前
이 다리 아래를 흘러간 사람의 이름을
수첩手帖에 적는다
캡틴XX
그 사람과 나는 관련關聯이 없건만
우연히 온 사람과 죽은 사람은
저기 푸르게 잠든 호수湖水의 수심을
잊을 수 없는 것일까

거룩한 자유自由의 이름으로 알려진 토지土地
무성茂盛한 삼림森林이 있고
비렴계관飛廉桂館*과 같은 집이

연連이어 있는 아메리카의 도시都市
시애틀의 네온이 붉은 거리를
실신失神한 나는 간다
아니 나는 더욱 선명鮮明한 정신精神으로
태번*에 들어가 향수鄕愁를 본다.
이지러진 회상回想
불멸不滅의 고독孤獨
구두에 남은 한국韓國의 진흙과
상표商標도 없는 〈공작孔雀〉의 연기
그것은 나의 자랑이다
나의 외로움이다.

또 밤거리
거리의 음료수飮料水를 마시는
포틀랜드의 이방인異邦人
저기
가는 사람은 나를 무엇으로 보고 있는가.

(포틀랜드 에서*)

***비렴계관**飛廉桂館 : 한 무제가 장안에 건립한 수관. 화려한 건물을 일컫는다.
***태번** : 미국의 선술집. 시집본에는 '타이반'으로 되어 있다.
***포틀랜드 에서** : '— 들', '— 에서' 등 복수형태나 장소를 가리킬 때 박인환은 띄어쓰기를 종종 사용한다.

수부水夫들

수부水夫들은 갑판甲板에서
갈매기와 이야기한다
……너희들은 어데서 왔니……
화란和蘭성냥으로 담배를 붙이고
싱가폴 밤거리의 여자女子
지금도 생각이 난다
동상銅像처럼 서서 부두埠頭에서 기다리겠다는
얼굴이 까만 입술이 짙은 여자女子
파도波濤여 꿈과 같이 부서지라
헤아릴 수 없는 순백純白한 밤 이면
하모니카 소리도 처량하고나
포틀랜드 좋은 고장 술집이 많아
크레용 칠한 듯이 네온이 밝은 밤
아리랑 소리나 한번 해보자

(포틀랜드 에서…… 이 시詩는 겨우 우리말을 쓸 수 있는 어떤 수부水夫의 것을 내 이미지로 고쳤다)

에버레트의 일요일日曜日

분란인芬蘭人* 미스터 몬은
자동차自動車를 타고 나를 데리러 왔다.
에버레트의 일요일日曜日
와이셔츠도 없이 나는 한국韓國노래를 했다.
그저 쓸쓸하게 가냘프게
노래를 부르면 된다
……파파 러브스 맘보*……
춤을 추는 돈나
개와 함께 어울려 호숫湖水가를 걷는다.

텔레비전도 처음 보고
칼로리가 없는 맥주도 처음 마시는
마음만의 신사紳士
즐거운 일인지 또는 슬픈 일인지
여기서 말해 주는 사람은 없다.

석양夕陽.
낭만浪漫을 연상케* 하는 시간時間.
미칠 듯이 고향故鄕생각이 난다.

***분란인芬蘭人** : 핀란드인의 한자어 표기.
***파파 러브스 맘보** (Papa loves mambo) : 미국의 대중가수 Perry Como(1921–2001)가 1954년에 발표한 히트곡으로, 같은 해 빌보트 차트 4위까지 올랐다.
***연상케** : 시집본에는 '연상ㅎ게'로 되어 있다.

그래서 몬과 나는
이야기 할 것이 없었다 이젠
헤어져야* 된다.

***헤어져야** : 시집본에는 '헤져야'로 되어 있다.

새벽 한 시時의 시詩

대낮 보다도 눈부신
포틀랜드 밤 거리에
단조單調로운 〈글렌 밀러〉*의 랩소디*가 들린다.
쇼윈도에서 울고 있는 마네킹.

앞으로 남지 않은 나의 잠시暫時를 위하여
기념紀念이라고 진 피즈*를 마시면
녹슬은 가슴과 뇌수에 차디찬 비가 내린다.

나는 돌아가도 친구들에게 얘기 할 것이 없고나
유리로 만든 인간人間의 묘지墓地와
벽돌과 콘크리트 속에 있던
도시都市의 계곡溪谷에서
흐느껴 울었다는 것 외에는…….

천사天使처럼
나를 매혹魅惑 시키는 허영虛榮의 네온.
너에게는 안구眼球가 없고 정서情抒가 없다.
여기선 인간人間이 생명生命을 노래하지 않고
침울沈鬱한 상념想念만이 나를 구求한다.

바람에 날려온 먼지와 같이
이 이국異國의 땅에선 나는 하나의 미생물微生物이다.

아니 나는 바람에 날려와
새벽 한 시時 기묘奇妙한 의식意識으로
그래도 좋았던
부식腐蝕된 과거過去로
돌아가는 것이다.

(포트랜드 에서*)

*글렌 밀러 : 시집본에는 '그렌 · 미이라'로 되어 있다. 글랜 밀러(Glen Miller)는 재즈음악사의 '빛나는 별'이다.

*랩소디(rhapsody) : 광시곡. 랩소디는 형식과 내용 면에서 비교적 자유로운 환상곡풍의 기악곡을 뜻하는데, 원래는 서사시의 한 부분을 뜻하는 그리스어에서 유래된 말로서 성격적으로는 서사적 · 영웅적 · 민족적인 색채를 띠고 있다. 그러나 드뷔시의 《클라리넷과 관현악을 위한 랩소디》에서 이러한 경향은 거의 사라지기 시작했으며, 거슈윈의 《랩소디 인 블루》에서 자유분방한 요소가 등장했다. 시집본에는 '라브소디이'로 되어 있다.

*진 피즈(gin pease) : 완두콩을 원료로 만든 술 이름으로 추정됨. gin은 곡물로 만든 술. pease 완두콩. 시집본에는 '진 · 휘이즈'로 되어 있다.

*포틀랜드 에서 : '— 들', '— 에서' 등 복수형태나 장소를 가리킬 때 박인환은 띄어쓰기를 종종 사용한다.

다리 위의 사람

다리 위의 사람은
애증愛憎과 부채負債를 자기 나라에 남기고
암벽岩壁에 부딪히는 파도波濤소리에 놀래
바늘과 같은 손가락은
난간欄干을 쥐었다.
차디찬 철鐵의 고체固體
쓰디쓴 눈물을 마시며
혼란混亂된 의식意識에 가라앉아* 버리는
다리 위의 사람은
긴 항로航路 끝에 이르른 정막靜寞한 토지土地에서
신神의 이름을 부른다.

그가 살아오는 동안
풍파風波와 고절孤絕은 그칠줄 몰랐고
오랜 세월歲月을 두고
DECEPTION PASS*에도
비와 눈이 내렸다.

또다시 헤어질 숙명宿命이기에
만나야만 되는 것과 같이
지금 다리 위의 사람은
로사리오 해협海峽 에서* 불어오는
처량凄凉한 바람을 잊으려고 한다.

잊으려고 할 때 두 눈을 가로막는
새로운 불안不安
화끈거리는 머리
절벽絕壁 밑으로 그의 의식意識은 떨어진다.

태양太陽이 레몬과 같이 물결에 흔들거리고
주립공원州立公園 하늘에는
에메랄드처럼 반짝거리는 기계機械가 간다.
변함없이 다리 아래 물이 흐른다
절망絕望된 사람의 피와도 같이
파란 물이 흐른다
다리 위의 사람은
흔들리는 발걸음을 걷잡을 수가 없었다.

(안나코테스 에서*)

*가라앉아 : 시집본에는 '가랁아'로 되어 있다.

*DECEPTION PASS : 미국 워싱턴 주 북서쪽에 있는 바다와 섬 사이를 통과하는 물길이다. 급한 조류와 절벽 사이에 있는 다리의 경치로 유명하다.

*로사리오 해협 에서 : 로사리오(rosario) 해협은 아르헨티나의 제3의 도시이며 산타페 주에 있다. 아르헨티나의 다른 모든 지역과는 주요 포장도로와 철도로 연결되어 있다. 현대식 공항이 갖추어져 있어 국내항공여행의 요충지 역할을 하며 텔레비전 방송국도 있다. '해협 에서'는 박인환의 의도적 띄어쓰기로 보인다.

*안나코테스 에서 : Anacortes. 워싱턴 주에 있는 소도시로 근처에 DECEPTION PASS가 위치한 곳으로도 유명하다. 수상 스포츠를 즐기는 사람들과 산 쥬안 섬(the San Juan Islands)을 여행하는 사람들이 즐겨 찾는 곳이기도 하다. '— 들', '— 에서' 등 복수형태나 장소를 가리킬 때 박인환은 띄어쓰기를 종종 사용한다.

투명透明한 버라이어티

녹슬은
은행銀行과 영화관映畵館과 전기세탁기電氣洗濯機

럭키 스트라이크*
VANCE 호텔• BINGO 게임.

영사관領事館 로비에서
눈부신 백화점百貨店에서
부활제復活祭의 카드가
RAINIER 맥주가.

나는 옛날을 생각하면서 텔레비전의 LATE NIGHT NEWS를 본다.
캐나다 CBC 방송국放送局의
광란狂亂한 음악音樂
입 맞추는 신사紳士와 창부娼婦.
조준照準은 젖가슴
아메리카 워싱턴주州.

비에 젖은 소년少年과 담배
고절孤絕된 도서관圖書館
오늘 올드미스는 월경月經이다.
희극여우喜劇女優처럼 눈살을 피면서
최현배 박사博士의 〈우리말본〉을

핸드백 옆에 놓는다.

타이프라이터의 신경질神經質
기계機械속에서 나무는 자라고
엔진으로부터 탄생誕生된 사람들.

신문新聞과 숙녀淑女의 옷자락이 길을 막는다.
여송연呂宋煙을 물은 전前 수상首相은
아메리카의 여자女子를 사랑하는지?

식민지植民地의 오후午後처럼
회사會社의 깃발*이 퍼덕거리고
페리 코모의 〈파파 러브스 맘보*〉

찢어진 트럼펫*
구겨진 애욕愛慾.

데모크라시와 옷 벗은 여신女神과
칼로리가 없는 맥주麥酒와 유행流行과
유행流行에서 정신精神을 희열하는
디자이너와
표정表情이 경련痙攣하는 나와.

트렁크 위에 장미는 시들고
문명文明은 은근慇懃한 곡선曲線을 긋는다.

조류鳥類는 잠들고
우리는 페인트칠 한 잔디밭을 본다
달리는 〈유니언 퍼시픽〉 안에서
상인商人은 쓸쓸한 혼약婚約의 꿈을 꾼다.

반항적反抗的인 〈M. 먼로〉의
날개 돋친 의상衣裳.

교회敎會의 일본어日本語 선전물宣傳物에서는
크레졸 냄새가 나고
옛날
〈루돌프 알폰스 발렌티노〉의 주검을
비탄悲嘆으로 맞이한 나라
그 때의 숙녀淑女는 늙고
아메리카는 청춘靑春의 음영陰影을 잊지 못했다.

스트립쇼
담배 연기煙氣의 암흑暗黑.
시력視力이 없는 네온사인.

그렇다 〈성性의 10년年〉이 떠난 후
전장戰場에서 청년青年은 다시 도망逃亡쳐 왔다
자신自身의 영예榮譽와
구라파歐羅巴의 달[月]을 바라다 보던 사람은……

혼란混亂과 질서秩序의 반복反覆이
물결치는 거리에
고백告白의 시간時間은 간다.

집요執拗하게 태양太陽은 내려 쪼이고
MT. HOOT의 눈은 변함이 없다.

연필鉛筆처럼 가느다란 내 목구멍에서
내일來日이면 가치價値가 없는 비애悲哀로운 소리가 난다.

빈약貧弱한 사념思念

아메리카 모나리자
필립 모리스* 모리스 브리지*
비정非情한 행복幸福이라도 좋다
4월月 10일日 부활제復活祭가 오기 전에
굿 바이
굿 앤드 굿 바이

〈원주〉

• **VANCE 호텔** : 시에틀시에 있음.
• **파파 러브스 맘보** : 최근의 유행곡.
• **모리스 브리지** : 포틀랜드의 다리 이름.

***럭키 스트라이크** : 담배 이름.
***깃발** : 시집본에는 '旗ㅅ발'로 되어 있다.
***트럼펫** : 시집본에는 '트람베트'로 되어 있다.
***필립 모리스** : 담배 회사 이름. 말보로라는 유명한 담배가 이 회사에서 제조한 제품이다.

영원永遠한 서장序章

어린 딸에게

기총機銃과 포성砲聲의 요란함을 받아가면서
너는 세상世上에 태어났다 주검의 세계世界로
그리하여 너는 잘 울지도 못하고
힘없이 자란다.

엄마는 너를 껴안고 3三개월간에
일곱 번이나 이사를 했다.

서울에 피의 비와
눈바람이 섞여 추위가 닥쳐오던 날
너는 입은 옷도 없이 벌거숭이로
화차貨車 위 별을 헤아리면서 남南으로 왔다.

나의 어린 딸이여 고통苦痛스러워도 애소哀訴도 없이
그대로 젖만 먹고 웃으며 자라는 너는
무엇을 그리우느냐*.

너의 호수湖水처럼 푸른 눈
지금 멀리 적敵을 격멸擊滅하러 바늘처럼 가느다란
　기계機械는 간다. 그러나 그림자는 없다.

엄마는 전쟁戰爭이 끝나면 너를 호강시킨다 하나
언제 전쟁戰爭이 끝날 것이며

나의 어린 딸이여 너는 언제까지나
행복幸福할 것인가.

전쟁戰爭이 끝나면 너는 더욱 자라고
우리들이 서울에 남은 집에 돌아갈 적에
너는 네가 어데서 태어났는지도 모르는
그런 계집애.

나의 어린 딸이여
너의 고향故鄕과 너의 나라가 어데 있느냐
그때까지 너에게 알려줄 사람이
살아 있을 것인가.

***그리우느냐** : '그리'와 '우느냐'사이에 띄어쓰기가 되어 있지 않은 점으로 미루어, '그리워하느냐'의 의미로 해석 가능하다.

한줄기 눈물도 없이*

음산陰酸한 잡초雜草가 무성茂盛한 들판에
용사勇士가 누워 있었다.
구름 속에 장미薔薇가 피고
비둘기는 야전병원野戰病院 지붕에서 울었다.

존엄尊嚴한 죽음을 기다리는
용사勇士는 대열隊列을 지어
전선戰線으로 나가는 뜨거운 구두소리를 듣는다.
아 창문窓門을 닫으시오

고지탈환전高地奪還戰
제트기機 박격포迫擊砲 수류탄手榴彈
〈어머니〉 마지막 그가 부를 때
하늘에서 비가 내리기 시작했다.

옛날은 화려華麗한 그림책冊
한장 한장마다 그리운 이야기
만세萬歲소리도 없이 떠나
흰 붕대繃帶에 감겨
그는 남모르는 토지土地에서 죽는다.

한줄기 눈물도 없이
인간人間이라는 이름으로서

그는 피와 청춘靑春을
자유自由를 위해 바쳤다.

음산陰酸한 잡초雜草가 무성茂盛한 들판엔
지금 찾아오는 사람도 없다.

***한줄기 눈물도 없이** : 시집본 목차에는 '한줄기 눈물도 없이'로 되어 있으나 본문에서는 '한줄기 눈물도 없어'로 잘못 표기되어 있다.

잠을 이루지 못하는 밤

넓고 개체個體 많은 토지土地에서
나는 더욱 고독孤獨하였다.
힘없이 집에 돌아오면 세 사람의 가족家族이
나를 쳐다보았다. 그러나
나는 차디찬 벽壁에 붙어 회상回想에 잠긴다.

전쟁戰爭 때문에 나의 재산財産과 친우親友가 떠났다.
인간人間의 이지理知를 위한 서적書籍 그것은 잿더미가 되고
지난날의 영광榮光도 날아가 버렸다.
그렇게 다정多情했던 친우親友도 서로 갈라지고
간혹 이름을 불러도 울림조차 없다.
오늘도 비행기飛行機의 폭음爆音이 귀에 잠겨
잠이 오지 않는다.

잠을 이루지 못하는 밤을 위해 시詩를 읽으면
공백空白한 종이 위에
그의 부드럽고 원만圓滿하던 얼굴이 환상幻像처럼 어린다.
미래未來에의 기약期約도 없이 흩어진 친우親友는
공산주의자共産主義者에게 납치되었다.
그는 사자死者만이 갖는 속도速度로
고뇌苦惱의 세계世界에서 탈주脫走하였으리라.

정의正義의 전쟁戰爭은 나로 하여금 잠을 깨운다.

오래도록 나는 망각忘却의 피안彼岸에서 술을 마셨다.
하루 하루가 나에게 있어서는
비참悲慘한 축제祝祭이었다.

그러나 부단不斷한 자유自由의 이름으로서
우리의 뜰 앞에서 벌어진* 싸움을 통찰洞察할 때
나는 내 출발出發이 늦은 것을 고告한다.

나의 재산財産……이것은 부스럭지
나의 생명生命……이것도 부스럭지
아 파멸破滅한다는 것이 얼마나 위대偉大한 일이냐.

마음은 옛과는 다르다. 그러나
내게 달린 가족家族을 위해 나는 참으로 비겁하다
그에게 나는 왜 머리를 숙이며 왜 떠드는 것일까.
나는 나의 말로末路를 바라본다.
그리하여 나는 혼자서 운다.

이 넓고 개체個體 많은 토지土地에서
나만이 지각遲刻이다.
언제 죽을지도 모르는 나는
생生에 한없는 애착愛着을 갖는다.

***벌어진** : 시집본에는 '버려진'으로 되어 있으나 오기로 보인다.

검은 강江*

신神이란 이름으로서
우리는 최종最終의 노정路程을 찾아보았다.

어느 날 역전驛前에서 들려오는
군대軍隊의 합창合唱을 귀에 받으며
우리는 죽으러 가는 자者와는
반대反對 방향方向의 열차列車에 앉아
정욕情慾처럼 피폐疲弊한 소설小說에 눈을 흘겼다.

지금 바람처럼 교차交叉하는 지대地帶
거기엔 일체一切의 불순不純한 욕망慾望이 반사反射되고
농부農夫의 아들은 표정表情도 없이
폭음爆音과 초연硝煙이 가득 찬
생生과 사死의 경지境地에 떠난다.

달은 정막靜寞보다도 더욱 처량하다.
멀리 우리의 시선視線을 집중集中한
인간人間의 피로 이룬*
자유自由의 성채城砦
그것은 우리와 같이 퇴각退却하는 자와는 관련關聯이 없었다.

***검은 강江** : 시집본 목차에는 '검은 江'으로 되어 있으나 본문 시편에는 '검 은 江'으로 되어 있다. 제목이 짧을수록 본문에 이런 식자가 종종 보인다.
***이룬** : 시집본에는 '이루운'으로 되어 있다.

신神이란 이름으로서
우리는 저 달 속에
암담暗擔한 검은 강江이 흐르는 것을 보았다.

고향故鄕에 가서

갈대만이 한限없이 무성茂盛한 토지土地가
지금은 내 고향故鄕.

산山과 강江물은 어느 날의 회화繪畵
피 묻은 전신주電信柱 위에
태극기太極旗 또는 작업모作業帽가 걸렸다.

학교學校도 군청郡廳도 내 집도
무수한 포탄砲彈의 작렬炸裂과 함께
세상世上엔 없다.

인간人間이 사라진 고독孤獨한 신神의 토지土地
거기 나는 동상銅像처럼 서 있었다.
내 귓전엔 싸늘한 바람이 설레이고
그림자는 망령亡靈과도 같이 무섭다.

어려서 그땐 확실確實히 평화平和로웠다.
운동장運動場을 뛰다니며
미래未來와 살던 나와 내 동무들은
지금은 없고
연기煙氣 한 줄기 나지 않는다.

황혼黃昏 속으로

감상感傷 속으로
차車는 달린다.
가슴 속에 흐느끼는 갈대의 소리
그것은 비창悲愴한 합창合唱과도 같다.

밝은 달 빛
은하수와 토끼
고향故鄕은 어려서 노래 부르던
그것뿐이다.

비 내리는 사경斜傾의 십자가十字架와
아메리카 공병工兵이
나에게 손짓을 해준다.

신호탄信號彈

수색대장搜索隊長 K중위中尉는 신호탄信號彈을 올리며 적병敵兵 30명名과 함께 죽었다. −1951년一九五一年 1월一月

위기危機와 영광榮光을 고告할 때
신호탄信號彈은 터진다.
바람과 함께 살던 유년幼年도
떠나간 행복幸福의 시간時間도
무거운 복잡複雜에서
더욱 단순單純으로 순화醇化하여 버린다.

옛날 식민지植民地의 아들로
검은 땅덩어리를 밟고
그는 주검을 피避해
태양太陽없는 처마 끝을 걸었다.

어두운 밤이여
마지막 작별作別의 노래를
그 무엇으로 표현表現하였는가.
슬픈 인간人間의 유형類型을 벗어나
참다운 해방解放을
그는 무엇으로 신호信號하였는가.

〈적敵을 쏘라
침략자侵略者 공산군共産軍을 사격射擊해라.
내 몸뚱아리가 벌집처럼 터지고
뻘건 피로 화化할 때까지

자장가를 불러주신 어머니
어머니 나를 중심中心으로 한 주변周邊에
기총機銃을 소사掃射하시오 적敵은 나를 둘러쌌소〉

생生과 사死의 눈부신 외접선外接線을 그으며
하늘에 구멍을 뚫은 신호탄信號彈
그가 침묵沈黙한 후後
구멍으로 끊임없이 비가 내렸다.
단순單純에서 더욱 주검으로
그는 나와 자유自由의 그늘에서 산다.

무답회舞踏會*

연기煙氣와 여자女子들 틈에 끼어
나는 무답회舞踏會에 나갔다.

밤이 새도록 나는 광란狂亂의 춤을 추었다.
어떤 시체屍體를 안고.

황제皇帝는 불안不安한 샹들리에와 함께 있었고
모든 물체物體는 회전廻轉하였다.

눈을 뜨니 운하運河는 흘렀다.
술보다 더욱 진한 피가 흘렀다.

이 시간時間 전쟁戰爭은 나와 관련關聯이 없다.
광란狂亂된 의식意識과 불모不毛의 육체肉體……그리고
일방적一方的인 대화對話로 충만充滿된 나의 무답회舞踏會.

나는 더욱 밤 속에 가라앉아* 간다.
석고石膏의 여자女子를 힘 있게 껴안고

새벽에 돌아가는 길 나는 내 친우親友가
전사戰死한 통지通知를 받았다.

***무답회舞踏會** : '무답회'는 무도회의 일본식 표기이다. 시어로 판단된다.
***가라앉아** : 시집본에는 '가랁아'으로 되어 있다.

서부전선西部戰線에서
윤을수尹乙洙 신부神父에게

싸움이 다른 곳으로 이동移動한
이 작은 도시都市에
연기煙氣가 오른다.
종소리가 들린다.
희망希望의 내일來日이 오는가.
비참悲慘한 내일來日이 오는가.
아무도 확언確言하는 사람은 없었다.

그러나 연기煙氣나는 집에는
흩어진 가족家族이 모여들었고
비 내린 황토黃土길을 걸어
여러 성직자聖職者는 옛날 교구敎區로 돌아 왔다.

〈신神이여 우리의 미래未來를 약속約束하시오
회한悔恨과 불안不安에 얽매인 우리에게 행복幸福을 주시오〉
주민住民은 오직 이것만을 원願한다.

군대軍隊는 북北으로 북北으로 갔다.
토막土幕에서도 웃음이 들린다.
비둘기 들이* 화창和暢한
봄의 햇볕을 쪼인다.

***비둘기 들이** : 시인의 의도적인 띄어쓰기로 보인다.

부드러운 목소리로 이야기할 때

나는 언제나 샘물처럼 흐르는
그러한 인생人生의 복판에 서서
전쟁戰爭이나 금전金錢이나 나를 괴롭히는 물상物象과
부드러운 목소리로 이야기할 때
한줄기 소낙비는 나의 얼굴을 적신다.

진정眞正코 내가 바라던 하늘과 그 계절季節은
푸르고 맑은 내 가슴을 눈물로 스치고
한때 청춘靑春과 바꾼 반항反抗도
이젠 서적書籍처럼 불타버렸다.

가고 오는 그러한 제상諸相과 평범平凡 속에서
술과 어지러움을 한恨하는 나는
어느 해 여름처럼 공포恐怖에 시달려
지금은 하염없이 죽는다.

사라진 일체一切의 나의 애욕愛慾아
지금 형태形態도 없이 정신精神을 잃고
이 쓸쓸한 들판
아니 이지러진 길목 처마 끝에서
부드러운 목소리로 이야기한들
우리들 또 다시 살아나갈 것인가.

정막靜寞처럼 잔잔한
그러한 인생人生의 복판에 서서
여러 남녀男女와 군인軍人과 또는 학생學生과
이처럼 쇠퇴衰頹한 철없는 시인詩人이
불안不安이다 또는 황폐荒廢롭다
부드러운 목소리로 이야기 한들
광막廣漠한 나와 그대들의 기나긴 종말終末의 노정路程은
예나 지금이나 변함없노라.

오 난해難解한 세계世界
복잡複雜한 생활生活 속에서
이처럼 알기 쉬운 몇 줄의 시詩와
말라 버린 나의 쓰디쓴 기억記憶을 위하여
전쟁戰爭이나 사나운 애정愛情을 잊고*
넓고도 간혹間或 좁은 인간人間의 단상壇上에 서서
내가 부드러운 목소리로 이야기할 때
우리는 서로 만난 것을 탓할 것인가
우리는 서로 헤어질 것을 원할 것인가.

***잊고** : 시집본에는 '잇고'으로 되어 있다. '잊고'의 오식이다.

새로운 결의決意를 위하여

나의 나라 나의 마을 사람들은
아무 회한悔恨도 거리낌*도 없이 거저
적敵의 침략侵略을 쳐부수기* 위하여
신부新婦와 그의 집을 뒤에 남기고
건조乾燥한 산악山岳에서 싸웠다 그래서
그들의 운명運命은 노호怒號 했다
그들에겐 언제나 축복祝福된 시간時間이 있었으나
최초最初의 피는 장미와 같이 가슴에서 흘렀다.
새로운 역사歷史를 찾기 위한
오랜 침묵沈黙과 명상冥想 그러나
죽은자者와* 날개 없는 승리勝利
이런 것을 나는 믿고 싶지가 않다.

더욱 세월歲月이 흘렀다고 하자
누가 그들을 기억記憶할 것이냐.
단지 자유自由라는 것만이 남아 있는 거리와
용사勇士의 마을에서는
신부新婦는 늙고 아비 없는 어린것들은
풀과 같이
바람 속에서 자란다.

옛날이 아니라 거저 절실切實한 어제의 이야기
침략자侵略者는 아직도 살아 있고

싸우러 나간 사람은 돌아오지 않고
무거운 공포恐怖의 시대時代는 우리를 지배支配한다.
아 복종服從과 다름이 없는 지금의 시간時間
의의意義를 잃은 싸움의 보람
나의 분노憤怒와 남아 있는 인간人間의 설음은
하늘을 찌른다.

폐허廢墟와 배고픈 거리에는
지나간 싸움을 비웃듯이 비가 내리고
우리들은 울고 있다.
어찌하여?
소기所期의 것은 아무것도 얻지 못했다.
원수들은 아직도 살아 있지 않는가.

***거리낌** : 시집본에는 '꺼리낌'으로 되어 있다.
***죽은자者와** : 시인이 의도적으로 붙여 쓴 것으로 보인다.
***쳐부수기** : 시집본에는 '쳐 부시기'으로 되어 있다.

서정抒情 또는 잡초雜草

식물植物

태양太陽은 모든 식물植物에게 인사한다

식물植物은 이십사二十四시간時間 행복幸福하였다.

식물植物 위에 여자女子가 앉았고
여자女子는 반역叛逆한 환영幻影을 생각했다.

향香기로운 식물植物의 바람이 도시都市에 분다.

모두들 창窓을 열고 태양太陽에게 인사한다.

식물植物은 이십사二十四시간時間 잠들지 못했다.

서정가抒情歌

실신失神한듯이 목욕沐浴하는 청년青年

꿈에 본 '조셉 베르네'*의 바다

반연체동물半軟體動物의 울음이 들린다

새너토리움*에 모여든 숙녀淑女들

사랑하는 여자女子는 층계層階에서 내려온다

'니사미'*의 시집詩集보다도 비장悲壯한 이야기

냅킨이 가벼운 인사를 하고

성하盛夏의 낙엽落葉은 내 가슴을 덮는다.

***조셉 베르네** (Vernet, Claude Joseph, 1714. 8. 14~1789.12.3) : 프랑스의 풍경화가. 17세기 C. 로랭의 계통을 승계한 면과 19세기로 들어서면서 J. B. C. 코로에 의하여 전개된 자연묘사와의 중간에 위치하여 정리된 구도와 청신한 대기묘사에 의해 풍경의 전면적인 처리를 보여줌으로써, 19세기 프랑스 풍경화의 발전에 선구적인 역할을 함. 고적(古蹟)을 다룬 것으로는 『로크교(橋)』, 『상탄젤로성(城)의 전망』 등이 유명하며, 프랑스에서 그린 작품으로는 1753년 이후 마리니 후작의 부탁으로 그린 연작 『프랑스 항구들』로 유명하다. 이 그림으로 그는 루이15세 시대의 주요 해양화가로 인정받는다. 베르네가는 화가집안으로, 부친과 형제도 화가였으며, 아들과 손자도 전쟁화, 수렵화와 동방취미의 풍경화를 그려 호평을 받았다.

***새너토리움** (sanatorium) : 결핵이나 정신병 환자 등의 요양소. 시집본에는 '싸나트륨'으로 되어 있다.

***니사미 간자비** (Nizami Ganjawi : 1141~1209) : 낭만적 서사시를 주로 쓴 중세 페르시아의 대시인.

식민항植民港의 밤

향연饗宴의 밤
영사부인領事婦人에게 아시아의 전설傳說을 말했다.

자동차自動車도 인력거人力車도 정거停車되었으므로
신성神聖한 땅 위를 나는 걸었다.

은행지배인銀行支配人이 동반同伴한 꽃 파는 소녀少女

그는 일찍이 자기自己의 몸값보다
꽃값이 비쌌다는 것을 안다.

육전대陸戰隊의 연주회演奏會를 듣고 오던 주민住民은
적개심敵愾心으로 식민지植民地의 애가哀歌를 불렀다.

삼각주三角洲의 달빛
백주白晝의 유혈流血을 밟으며 찬 해풍海風이 나의 얼굴을
적신다.

장미薔薇의 온도溫度

나신裸身과 같은 흰 구름이 흐르는 밤
실험실實驗室 창窓 밖
과실果實의 생명生命은
화폐貨幣모양 권태倦怠하고 있다.
밤은 깊어가고
나의 찢어진 애욕愛慾은
수목樹木이 방탕放蕩하는 포도鋪道에 질주疾走한다.

나팔喇叭소리도 폭풍暴風의 부감俯瞰도
화판花瓣*의 모습을 찾으며
무장武裝한 거리를 헤맸다.

태양太陽이 추억追憶을 품고
안벽岸壁을 지나던 아침
요리料理의 위대偉大한 평범平凡을
Close-up*한 원시림原始林의
장미薔薇의 온도溫度

*화판花瓣 : 시집본에는 '花辨'으로 되어 있으나 내용상 '화판花瓣'의 오식으로 보인다.
*Close-up : 영화 용어이다. 박인환은 영화광이었다.

나의 생애生涯에 흐르는 시간時間들

나의 생애生涯에 흐르는 시간時間들
가느다란 일 년年의 안젤루스*

어두워지면 길목에서 울었다
사랑하는 사람과

숲 속에서 들리는 목소리
그의 얼굴은 죽은 시인詩人이었다

늙은 언덕 밑
피로疲勞한 계절季節과 부서진 악기樂器

모이면 지낸 날을* 이야기한다
누구나 저만이 슬프다고

가난을 등지고 노래도 잃은
안개 속으로 들어간 사람아

이렇게 밝은 밤이면
빛나던 수목樹木이 그립다

바람이 찾아와 문은 열리고
찬 눈은 가슴에 떨어진다

힘없이 반항反抗하던 나는
겨울이라 떠나지 못하겠다

밤 새우는 가로등街路燈
무엇을 기다리나

나도 서 있다
무한無限한 과실果實만 먹고

*안젤루스(Angelus, 삼종기도) : 카톨릭에서 아침, 정오, 저녁의 정해진 시간에 그리스도의 강생(降生)과 성모마리아를 공경하는 뜻으로 바치는 기도. 삼종이란, 종을 세 번 친다는 데서 나온 말이다. 종은 세 번씩 세 번 친 다음, 조금 있다가 다시 계속 종을 친다. 그 기원은 11세기 십자군의 승리를 위해 기도할 것을 신자들에게 상기시키기 위해 매일 저녁 종을 친 데서 비롯되었다고 전한다. 아침에 드리는 기도는 14세기 경 수도원에서 제1시과(時課)때 종을 울리고 성모송(聖母頌)을 3번 암송하는 관습에서 유래하였다. 시집본에는 '안제라스'로 되어 있다.

*지낸 날을 : 시인의 의도적 표현으로 보인다.

불행不幸한 샹송

산업은행産業銀行 유리창窓 밑으로
대륙大陸의 시민市民이 프롬나드*하던 지난 해 겨울
전쟁戰爭을 피해온 여인女人은
총소리가 들리지 않는 과거過去로
수태受胎하며 뛰어 다녔다.

폭풍暴風의 뮤즈*는 등화관제燈火管制 속에
고요히 잠들고
이 밤 대륙大陸은 한 개 과실果實처럼
대리석大理石 위에 떨어졌다.

짓밟힌 나의 우월감優越感이여
시민市民들은 한 사람 한 사람이 〈데모스테네스*〉
정치政治의 연출가演出家는 도망逃亡한
아를캥*을 찾으러 돌아다닌다.

시장市長의 조마사調馬師는
밤에 가장 가까운 저녁때
웅계雄鷄가 노래하는 블루스에 화합化合되어
평행平行 면체面體의 도시계획都市計劃을
코스모스가 피는 한촌寒村으로 안내案內하였다.

의상점衣裳店에 신화神化한 마네킹

저 기적汽笛은 Express for Mukden*
마로니에*는 창공蒼空에 동결凍結되고
기적汽笛처럼 사라지는 여인女人의 그림자는
재스민*의 향기香氣를 남겨주었다.

*프롬나드(fromenade) : 산책. 시집본에는 '푸로므나아드'로 되어 있다.

*뮤즈(Muse) : 그리스 신화에서 여신 무사(Musa)의 영어이름. 영어에서 음악을 의미하는 'music'이나 미술관을 의미하는 'museum' 등은 이 여신들의 이름에서 유래한다. 일반적으로 시나 음악의 신으로 알려져 있다. 고대에는 널리 역사나 천문학까지도 포함하는 학예 전반의 신으로 간주되었다. 시집본에는 '뮤스'로 되어 있다.

*데모스테네스(~ BC.413) : 고대 그리스 아테네의 장군. 펠로폰네소스전쟁 때 여러 곳에서 활약하여 크게 전공을 세웠다. BC 425년의 퓌로스봉쇄는 큰 성과를 가져왔으나, 다음해 메가라 및 보이오티아 공략에는 실패하였다. BC413년 장군 니키아스를 돕기 위해 시라쿠사에 파견되었으나, 후퇴에 실패하고 항복, 처형되었다. 시집본에는 '데포스테데네스'로 되어 있다.

*아를캥(Arlequin) : 판토마임 극에서 주역을 맡은 어린 광대. 보통 가면을 쓰고 화려한 얼룩무늬 의상에 목검 또는 마술자팡이를 들고 있음. 시집본에는 '아르르캉'으로 되어 있다.

*Express for Mukden : 중국 봉천(奉天, 오늘날의 禰襄)행 고속열차이다.

*마로니에(marronnier) : 열대 또는 아열대에 나는 목본(木本)식물. 200여 종이 있음. 특유한 향내가 나는 노란 또는 하얀 꽃이 핀다.

*재스민(자스민, jasmine) : 칠엽수과의 낙엽교목. 높이 20~25m, 잎자루가 길며 손바닥 모양의 겹입이 마주 난다. 5~6월에 붉은 무늬가 있는 흰꽃이 피며, 동근 열매를 맺는데, 겉에 가시모양의 돌기가 있다. 인도네시아의 나라꽃이기도 하다. 시집본에는 '쨔스민'로 되어 있다.

사랑의 Parabola*

어제의 날개는 망각忘却 속으로 갔다.
부드러운 소리로 창窓을 두들기는 햇빛
바람과 공포恐怖를 넘고
밤에서 맨발로 오는 오늘의 사람아

떨리는 손으로 안개 낀 시간時間을 나는 지켰다.
희미한 등불을 던지고
열지 못할 가슴의 문門을 부셨다.

새벽처럼 지금 행복幸福하다.
주위周圍의 혈액血液은 살아 있는 인간人間의 진실眞實로 흐르고
감정感情의 운하運河로 표류漂流하던
나의 그림자는 지나간다.

내 사랑아
너는 찬 기후氣候에서 긴 행로行路를 시작했다. 그러므로
폭풍우暴風雨도 서슴지 않고 참혹慘酷마저 무섭지 않다.

짧은 하루 허나
너와 나의 사랑의 포물선抛物線은
권력權力 없는 지구地球 끝으로

*Parabola : 포물선. 파라볼라형의 것. 파라볼라 안테나 따위.

오늘의 위치位置의 연장선延長線이
노래의 형식形式처럼 내일來日로
자유自由로운 내일來日로……

전원田園

I

홀로 새우는 밤이었다.
지난 시인詩人의 걸어온 길을
나의 꿈길에서 부딪혀 본다.
적막한 곳엔 살 수 없고
겨울이면 눈이 쌓일 것이
걱정이다.
시간이 갈수록
바람은 모여들고
한간 방은 잘 자리도 없이
좁아진다.
밖에는 우수수
낙엽落葉 소리에
나의 몸은
점점 무거워진다.

II

풍토風土의 냄새를
산마루에서
지킨다.
내가슴보다도*
더욱 쓰라린
늙은 농촌의 황혼

언제부터 시작되고
언제 그치는
나의 슬픔인가.
지금 쳐다보기도 싫은
기울어져 가는
만하晩夏.
전선 위에서
제비들은
바람처럼
나에게 작별한다.

III
찾아든 고독 속에서
가까이 들리는
바람소리를 사랑하다.
창窓을 부시는듯
별들이 보였다.
칠월七月의
저무는 전원
시인詩人이 죽고
괴로운 세월은
어디론지 떠났다.
비 나리면

떠난 친구의 목소리가
강江물보다도
내 귀에
서늘하게 들리고
여름의 호흡이
쉴 새 없이
눈 앞으로 지낸다.

IV

절름발이 내 어머니는
삭풍朔風에 쓰러진
고목 옆에서 나를
불렀다.
얼마 지나
부서진 추억을 안고
염소처럼 나는 울었다.
마차馬車가 넘어간
언덕에 앉아
지평에서 걸어오는
옛 사람들의
모습을 본다.
생각이 타 오르는
연기는

마을을 덮었다.

***내가슴보다도** : 시인이 의도적으로 붙여 쓴 것으로 보인다.

기타

거리

나의 시간時間에 스콜과 같은 슬픔이 있다.
붉은 지붕 밑으로 향수鄕愁가 광선光線을 따라가고
한없이 아름다운 계절季節이
운하運河의 물결에 씻겨갔다

아무 말도 하지 말고
지나간 날의 동화童話를 운율韻律에 맞춰
거리에 화액花液을 뿌리자.
따뜻한 풀잎은 젊은 너의 탄력彈力같이
밤을 지구地球 밖으로 끌고 간다
지금 그곳에는 코코아의 시장市場이 있고
과실果實처럼 기억記憶만을 아는 너의 음향音響이 들린다.
소년少年들은 뒷골목을 지나 교회에 몸을 감춘다.
아세틸렌 냄새는 내가 가는 곳마다
음영陰影같이 따른다.

거리는 매일 맥박脈搏을 닮아갔다.
베링 해안海岸 같은 나의 마을이
떨어지는 꽃을 그리워한다
황혼黃昏처럼 장식裝飾한 여인女人들은 언덕을 지나
바다로 가는 거리를 순백純白한 식장式場으로 만든다

전정戰庭의 수목樹木 같은 나의 가슴은

베고니아를 껴안고 기류氣流 속을 나온다.
망원경望遠鏡으로 보던 천만千萬의 미소微笑를 회색 외투外套에
싸아
얼은 크리스마스의 밤길로 걸어 보내자

—『목마와 숙녀』(근역서재, 1976)

언덕

연 날리던 언덕
너는 떠나고
지금 구름 아래
연을 따른다
한 바람 두 바람
실은 풀리고
연이 떨어지는 곳
너의 잠든 곳

꽃이 지니
비가 오며 바람이 일고
겨울이니
언덕에는 눈이 쌓여서
누구 하나 오지 않아
네 생각하며
연이 떨어진 곳
너를 찾는다

— 「자유신문」(1948. 11. 25)

정신精神의 행방行方을 찾아

선량善良한 우리의 조상祖上은
투르키스탄* 광막廣漠한 평지平地에서
근대정신近代精神을 발생시켰다.
그러므로 폭풍暴風 속의 인류人類들이여
홍적세기洪積世紀의 자유自由롭던 수륙水陸 분포分布를
오늘의 문명文明 불모不毛의 지구地球와 평가評價할 때
우리가 보유保有하여 온 순수純粹한 객관성客觀性은 가치價値가 없다

중화민국中華民國 광서성廣西省 북경北京 근교近郊
자바(피테칸트로푸스)를 가리켜
전란戰亂과 망각忘却의 토지土地라 함이
인류人類의 고뇌苦惱를 지적指摘할 수 있는 것이다.
미래未來에의 수목樹木처럼 기억記憶에 의지依支되어 세월歲月을 등지고
육체肉體와 노예奴隷—
어제도 오늘도 전지戰地에서 사라진 사고思考의 비극

영원의 바다로 밀려간 반란反亂의 눈물
화산火山처럼 열熱을 토吐하는 지구地球의 시민市民
냉혹冷酷한 자본資本의 권한權限에 시달려
또다시 자유정신自由精神의 행방行方을 찾아
추방追放, 기아飢餓
오 한限없이 이동移動하는 운명運命의 순교자殉教者
사랑하는 사람의 의상衣裳마저

이미 생명生命의 외접선外接線에서 폭풍暴風에 날아갔다.

온 세상世上에 피의 비와 종鍾소리가 그칠 때
시끄러운 시대時代는 어데로 가나
강렬强烈한 싸움 속에서
자유自由와 민족民族이 이지러지고
모든 건축建築과 원시原始의 평화平和는
새로운 증오憎惡와 쓰러져간다.
아 오늘날 모든 시민市民은
정막靜寞한 생명生命의 존속存續을 지킬 뿐이다,

—『민성』(1949.3)

*투리키스탄 : 파미르고원을 중심으로 한 중앙아시아 지역.

1950년一九五O年의 만가挽歌

불안不安한 언덕 위에로
나는 바람에 날려간다
헤아릴 수 없는 참혹慘酷한 기억記憶 속으로
나는 죽어간다
아 행복幸福에서 차단遮斷된
지폐紙幣처럼 더럽힌 여름의 호반湖畔
석양夕陽처럼 타올랐던 나의 욕망慾望과
예절禮節 있는 숙녀淑女들은 어데로 갔나
불안不安한 언덕에서
나는 음영陰影처럼 쓰러져 간다
무거운 고뇌苦惱에서 단순丹脣으로
나는 죽어간다
지금은 망각妄覺의 시간時間
서로 위기의 인식과 우애를 나누었던
아름다운 연대年代를 회상回想하면서
나는 하나의 모멸侮蔑의 개념槪念처럼 죽어간다

—「경향신문」(1950. 5. 16)

봄은 왔노라

겨울의 괴로움에 살던 인생은 기다릴 수 있었다
마음이 아프고 세월은 가도 우리는 3월을 기다렸노라.

사랑의 물결처럼
출렁거리며 인생의 허전한 마음을 슬기로운
태양만이 빛내주노라.

전화戰火에 사라진
우리들의 터전에
페르스네즈*의 꽃은 피려니
〈세계가 꿈이 되고 꿈이 세계가 되는〉
줄기찬 봄은 왔노라.

어두운 밤과 같은
고독에서 마음을
슬프게 피로시키던 겨울은
울음 소리와 함께 그치고

단조로운 소녀의
노래와도 같이

그립던 평화의 날과도 같이

인생의 새로운 봄은 왔노라.

—『신태양』(1954.3)

*페르스네즈(perce neige) : 프랑스 등지에서 주로 피는 백합과의 꽃.

봄 이야기

농부가 술을 마실 때 나무에서 새가 날았다.
봄날. 언젠가 사나운 겨울이 가고 봄은 왔단다.
사랑이 싹트고 웃음이 우거지는 전원.
조마사調馬師와 수녀.
풍경 속에서 종이 울린다.

주장酒場의 작부와 손을 맞잡고
꽃 이야기는 어울리지 않는다. 그저
옛날이 아니면 내일의 거짓말을 하면서
이 날을 보내는 것이다.

술을 마시고 나면 아무에게나 인사해도 좋다.
산과 강물은 푸르고 인생은 젊었다.
농부의 말은 숲속으로 달아나고
옷 벗은 수녀는 수치를 모른다.

황혼. 연지와 같이 고운 하늘은 멀다.
물방아는 돌고 바람은 가슴을 찌른다.
그럴 때 새가 재잘거리는 것처럼
사람들은 휘파람에 맞추어 노래한다.
……봄은 진정 즐거운 것인가……고.

교회의 종소리가 어두움을 알린다.

— 『아리랑』(1955. 4)

주말

산길을 넘어가면
별장.
주말의 노래를 부르며
우리는 술을 마시고
주인은
얇은 소설을 읽는다
오늘의 뱀아
저기 쏟아지는 분수를 마셔
그늘이 가린 언덕 아래
어린 여자의 묘지
거기서 들려오는
찬미가.
칫솔로 이를 닦는
이름 없는 영화배우
……공포의 보수報酬*……
……니트로글리세린……
……과테말라 공화국의 선인장……
일요판 「니폰타임스」의 잉크 냄새.
별장에도
폭포는 요란하고

***공포의 보수報酬** : 1953년 프랑스에서 제작된 스릴러 영화 제목. 니트로글리세린, 선인장 등은 이 영화의 소재로 사용되었다.

라디오의 찢어진 음악이 끊일 줄 모른다
주인은 잠이 들었고
우리는 산길을 내려간다.

—『시작』(1955. 5. 20)

3 · 1절의 노래*

즐겁게 3 · 1절을 노래했던 해부터 지금 10년이 지났다
독립이 있었고
눈보라 치던 피난을 겪으며
곤란과 서러움의 10년이 지났다.

변함없이 푸르른 하늘
그때의 사람과
그때의 깃발을
하늘은 잊지 않는다.
아니 내 아버지와 내 가슴에
저항의 피가 흐른다.

지금 우리는 소리 없이 노래 부른다
노래를 부르지 않아도 좋다.
그것은 무거웁게 민족의 마음에
간직되어 있고
우리는 또한 싸움의 10년을 보냈다.

우리는 보지 못했어도
저 하늘은 선열의 주검을 보았고
그때의 태양은
지금의 태양

3월 초하루가 온다.
맑은 하늘과 우리의 마음에
독립과 자유를 절규하던
그리운 날이 온다.

—『아리랑』(1957. 4)

*이 시는 작고하기 2개월 전에 쓴 미발표작이다.

인제

인제
봄이면 진달래가 피었고
설악산 눈이 녹으면
천렵가던 시절도
이젠 추억.

아무도 모르는 산간벽촌에
나는 자라서
고향을 생각하며 지금 시를 쓰는
사나이
나는 기묘한 꿈이라 할까
부질없고나.

그곳은
전란으로 폐허가 된 도읍
인간의 이름이 남지 않은 토지
하늘엔 구름도 없고
나는 삭풍 속에서 울었다

어느 곳에 태어났으며
우리 조상들에게 무슨 죄가 있었던가

눈이여

옛날 시몽의 얼굴을 곱게 덮어준
눈이여
너에게는 정서와 사랑이 있었다 하더라.

나의 가난한 고장
인제
봄이여
빨리 오거라.

—『조선일보』(1956. 3. 11)

죽은 아포롱*

이상李箱 그가 떠난 날에

오늘은 3월 열이렛날
그래서 나는 망각忘却의 술을 마셔야 한다
여급女給 '마유미'가 없어도
오후午後 3시 25분에는
벗들과 '제비'의 이야기를 하여야 한다.

그날 당신은
동경제국대학東京帝國大學 부속병원附屬病院에서
천당天堂과 지옥地獄의 접경接境으로 여행旅行을 하고
허망虛妄한 서울의 하늘에는 비가 내렸다.

운명運命이여
얼마나 애태운 일이냐
권태倦怠와 인간人間의 날개
당신은 싸늘한 지하地下에 있으면서도
성좌星座를 간직하고 있다.
정신精神의 수렵狩獵을 위해 죽은
'랭보'와도 같이

당신은 나에게
환상幻想과 흥분興奮과
열병熱病과 착각錯覺을 알려주고
그 빈사瀕死의 구렁텅이에서

우리 문학文學에
따뜻한 손을 빌려준
정신精神의 황제皇帝.

무한無限한 수면睡眠
반역叛逆과 영광榮光
임종臨終의 눈물을 흘리며 결코
당신은 하나의 증명證明을 갖고 있었다
'이상李箱' 이라고.

***아포롱** : 아폴론의 불어명이다. L'Apollon de Marcac, 혹은 L'Apollon de Bellac. Rio de Janeiro에서 초연. Jean Girandoux(1882-1944) 프랑스 초연 1947년 4월 19일. 박인환이 아폴로라는 단어보다 아포롱이라는 불어를 택한 것은 아마도 아폴로라는 이미지와 미청년이라는 이미지를 복합적으로 사용하려는 때문인 것 같다.

세토나이가이*瀨戶內海

그날은 3월
율리시즈가 잠자듯이
나는 이 바다에서 잠든다.

태양太陽은 때론
그 향기香氣를 품에 안고
조용한 바다 위를 흐른다.

인생人生은 표류漂流
작은 어선漁船들이
과거過去를 헤맨다.

이국異國의 바다 섬들 속에 있는
세도나이가이 그 물결 위에
나의 회한悔恨이 간다.

—『문학예술』(1956.4)

***세토나이가이** : 일본 혼슈 서부와 규수 시코쿠에 있는 내해.

침울沈鬱한 바다

그러한 잠시
그 들창窓에서 울던 숙녀淑女는
오늘의 사람이 아니다.

목마木馬의 방울 소리
또한 번갯불
이지러진 길목
다시 돌아온다 해도
그것은 사랑을 지니지 못했다.

해야 새로운 암흑暗黑아
네 모습에
살던 사랑도
죽던 사람도
잊어버렸고나.

침울沈鬱한 바다
사랑처럼 보기 싫은
오늘의 사람.

그 들창窓에
지나간 날과 침울沈鬱한 바다와 같은
나만이 있다.

—『현대문학』(1956.4)

옛날의 사람들에게
물고* 작가物故作家 추도회追悼會의 밤에

당신들은 살아 있었을 때
불행不幸하였고
당신들은 살아 있었을 때
즐거운 말이 없었고
당신들은 살아 있었을 때
사랑해 주던 사람이 없었습니다.

나라가 해방解放이 되고
하늘에 자유自由의 깃발이 퍼덕거릴 때
당신들은
오랜 고난苦難과 압박壓迫의 병균病菌에
몸을 좀 먹혀
진실眞實한 이야기도
사랑의 노래도 잊어버리고
옛날의 사람이 되었습니다.

나는 지금 당신들이 죽어서 이 노래를
부르는 것이 아닙니다.
당신들의 호흡呼吸이 지금 끊어졌다 해도
거룩한 정신精神과
그 예술藝術의 금자탑金子塔은
밤낮으로 나를 가로막고 있으며
내 마음이 서운할 때에

나는 당신들이 만든 문화文化의 화단花壇 속에서 즐길 수 있기 때문입니다.*

당신들은 살아 있는 우리들의
푸른 '시그널'
우리는 그 불빛이 가리키는 방향方向으로
당신들의 유지有志를 받들어가고 있습니다.

사랑하는 당신들이여
가난과 고통苦痛과 멸시蔑視를 무릅쓰면서
당신들의 싸움은 끝이 났습니다.

승리勝利가 온 것인지
패배敗北가 온 것인지
그것은 오직 미래未來만이 알며
남아 있는 우리들은
못 잊는 이름이기에
당신들 우리 문화文化의 선구자先驅者들을
이 한자리에 모셨습니다.

당신들은 살아 있었을 때
불행不幸하였고
당신들은 살아 있었을 때

즐거운 말이 없었고
당신들은 살아 있었을 때
사랑해 주던 사람들이 없었습니다.

허나 지금
당신들은 불행不幸하지 않으며
우리의 말은 빛나며
오늘 이처럼 많은 사람들이 모여
당신들을 사랑하고 있습니다.

***물고**物故 : 사회적으로 유명한 사람의 죽음을 말함.

***나는 당신들이 만든 문화**文化**의 화단**花壇 **속에서 즐길 수 있기 때문입니다.** : 한 행이나 지면관계상 행갈이가 되었다.

이국 항구異國港口

에버레트 이국異國의 항구港口
그날 봄비가 내릴 때
돈나 캠벨 잘 있거라

바람에 펄럭이는 너의 잿빛 머리
열병熱病에 걸린 사람처럼
내 머리는 화끈거린다

몸부림 쳐도 소용所用없는
사랑이라는 것을 서로 알면서도
젊음의 눈동자는 막지 못하는 것

처량凄涼한 기적汽笛
데크에 기대어 담배를 피우고
이제 나는 육지陸地와 작별作別을 한다.

눈물과 신화神話의 바다 태평양太平洋
주검처럼 어두운 노도怒濤를 헤치며
남해호南海號의 우렁찬 엔진은 울린다

사랑이여 불행不幸한 날이여
이 넓은 바다에서
돈나 캠벨! 불러도 대답은 없다

―『경향신문』(1957.4.7)

오월五月의 바람

그 바람은
세월을 알리고

그 바람은
내가 쓸쓸할 때 불어온다

그 바람은
나에게 젊음을 가르치고

그 바람은
봄이 떠나는 것을 말한다

그 바람은
눈물과 즐거움을 갖고 있다

그 바람은
오월의 바람

—『학원』(1956.5)

이 거리는 환영歡迎한다

반공청년反共青年에게 주는 노래

어느 문門이나
열리어 있다
식탁食卓 위엔
장미薔薇와 술이
흐르고

깨끗한 옷도
걸려 있다
이 거리에는
채찍도
철조망鐵條網도
설득공작說得工作도
없다

이 거리에는
독재獨裁도
모해謀害도
강제노동强制勞動도
없다
가고 싶은
거리에서
거리에로
가라

어데서나
가난한
이 민족民族
따스한 표정表情으로

어데서나
서러운
그대들의
지나간 질곡桎梏을
위로慰勞할 것이니

가고 싶은
거리에서
네 활개 치고
가라
이 거리는
찬란燦爛한 자유自由의
고장

이 거리는
그대들의
새로운 출발점出發點
이제 또 다시

막을 자者는
아무도 없다
넓은 하늘
저 구름처럼
자유自由롭게
또한
뭉쳐 흘러라

어느 문門이나
열리어 있다
깨끗한 옷에
장미薔薇를 꽂고
술을 마셔라

—『목마와 숙녀』(근역서재, 1976)

어떠한 날까지

이중위李中尉의 만가輓歌를 대신代身하여

—형님 저는 담배를
피우게 되었습니다—
이런 이야기를 하던 날
바다가 반사反射된 하늘에서
평면平面의 심장心臟을 뒤흔드는
가늘한 기계機械의 비명悲鳴이 들려왔다
20세歲 해병대海兵隊 중위中尉는
담배를 피우듯이
태연泰然한 작별作別을 했다.

그가 서부전선西部戰線 무명無名의 계곡溪谷에서
복잡複雜으로부터
단순單純을 지향志向하던 날
운명運命의 부질賦質함과
생명生命의 그 애정愛情을 위爲하여
나는 이단異端의 술을 마셨다.

우리의 일상日常과 신변身邊에
우리의 그림자는
명확明確한 위기危機를 말한다
나와 싸움과 자유自由의 한계限界는
가까우면서도
망원경望遠鏡이 아니면 알 수 없는

생명生命의 고집固執에 젖어버렸다
죽음이여
회한悔恨과 내성內省의 절박切迫한 시간時間이여
적敵은 바로
나와 나의 일상日常과 그림자를 말한다.

연기煙氣와 같은 검은 피를 토吐하며……
안개 자욱한 젊은 연령年齡의 음영陰影에……
청춘靑春과
자유自由의 존엄尊嚴을 제시提示한
영원永遠한 미성년未成年
우리의 처참悽慘한 기억記憶이
어떠한 날까지 이어갈 때
싸움과 단절斷絕의 들판에서
나는 홀로 이단異端의 존재存在처럼
떨고 있음을 투시한다.

(1952. 11. 20)

— 『목마와 숙녀』(근역서재, 1976)

가을의 유혹誘惑

가을은 내 마음에
유혹誘惑의 길을 가리킨다
숙녀淑女들과 바람의 이야기를 하면
가을은 다정多情한 피리를 불면서
회상回想의 풍경風景을 지나가는 것이다.

전쟁戰爭이 길게 머무른 서울의 노대露臺에서
나는 모딜리아니*의 화첩畵帖을 뒤적거리며
정막靜寞한 하나의 생애生涯의 한시름을
찾아보는 것이다
그러한 순간瞬間
가을은 청춘靑春의 그림자처럼 또는
낙엽落葉모양 나의 발목을 끌고
즐겁고 어두운 사념思念의 세계世界로 가는 것이다.

즐겁고 어두운 가을의 이야기를 할 때
목 메인 소리로 나는 사랑의 말을 한다
그것은 폐원廢園에 있던 벤치에 앉아
고갈固渴된 분수噴水를 바라보며
지금은 죽은 소녀少女의 팔목을 잡던 것과 같이
쓸쓸한 옛날의 일이며
여름은 느리고 인생人生은 가고
가을은 또다시 오는 것이다.

회색灰色 양복洋服과 목관악기木管樂器는 어울리지 않는다
그저 목을 늘어뜨리고
눈을 감으면
가을의 유혹誘惑은 나로 하여금 잊을 수 없는
사랑의 사람으로 한다
눈물 젖은 눈동자로 앞을 바라보면
인간이 매몰埋沒될 낙엽落葉이
바람에 날리어 나의 주변周邊을 휘돌고 있다.

—『목마와 숙녀』(근역서재, 1976)

***모딜리아니**(Amedo Modigiani, 1884. 7. 12~1920. 1. 24) : 이탈리아 리보르노 출생. 유대계 명문의 아들로 태어나, 피렌체와 베네치아의 미술학교에 다닌 뒤, 1906년 이후는 파리에서 살았다. 제1차 세계대전 중에 많은 걸작을 남겼는데, 탁월한 데생력을 반영하는 리드미컬하고 힘찬 선의 구성, 미묘한 색조와 중후한 마티에르 등이 특색이다. 초기에는 풍경화도 몇 점 그렸으나, 파리로 온 후부터는 초상화와 누드화가 대부분이다. 특히, 긴 목을 가진 단순화된 형태의 여인상은 독특하여, 무한한 애수와 관능적인 아름다움을 품고 있으며, 보티첼리나 베니치아파의 작품과도 이어지는 섬세하고 우아한 이탈리아적 개성을 보여준다. 가난 속에 과음과 방랑을 일삼다가 1920년 초 파리의 자선병원에서 짧은 생을 마친다.

세월歲月이 가면

지금 그 사람의 이름은 잊었지만
그의 눈동자 입술은
내 가슴에 있어.

바람이 불고
비가 올 때도
나는 저 유리창 밖
가로등 그늘의 밤을 잊지 못하지

사랑은 가고
과거過去는 남는 것.
여름날의 호숫가
가을의 공원公園
그 벤치 위에
나뭇잎은 떨어지고
나뭇잎은 흙이 되고
나뭇잎에 덮여서
우리들 사랑이 사라진다 해도

지금 그 사람 이름은 잊었지만
그의 눈동자 입술은
내 가슴에 있어
내 서늘한 가슴에 있건만

—『목마와 숙녀』(근역서재, 1976)

제3부

박인환 연보 및 연구문헌서지

박인환(朴寅煥, 1926~1956.3.20) 연보

시인. 본관은 밀양.

1926년 8월 15일 강원도 인제군 인제면 상동리에서 광선(光善)과 함숙형(咸淑亨)의 4남2녀 중 맏아들로 태어났다.

1933년 인제공립보통학교에 입학.

1936년 서울 종로구 내수동으로 이사하고 곧이어 원서동으로 이사함. 덕수공립보통학교 4학년으로 전학.

1939년 서울 덕수공립소학교를 졸업하고 경기공립중학교에 입학하였으나

1941년 경기공립중학교를 자퇴하고, 한성학교 야간부로 등록함.

1942년 황해도 재령의 기독교 재단 명신중학교 4학년에 편입함.

1944년 황해도 재령의 명신중학교를 졸업했고, 관립 평양의학전문학교에 입학함.

1945년 8 · 15광복으로 학업을 중단하고, 상경함. 서울 종로 3가 2번지 낙원동 입구에 마리서사(茉莉書肆)라는 서점을 경영하면서 김광균(金光均) · 이한직(李漢稷) · 김수영(金洙暎) · 김경린(金璟麟) · 오장환(吳章煥) · 김기림(金起林) 등과 친교를 맺기도 하였다.

1946년 12월 『국제신보』에 「거리」라는 시를 발표하면서 시인이 됨.

1947년 시사종합지 『신천지』에 시 「남풍」과 산문 「아메리카 시론」을 발표함.

1948년 입춘을 전후하여 마리서사 서점을 폐업하였다. 4월 김경린, 김수영 등과 함께 시 동인지 『신시론』창간에 참여함. 5월 이정숙(李丁淑)과 덕수궁에서 혼인식을 함. 서울 종로구 세종로에 신혼집을 마련함. 이후 『신천지』에 평론을 발표. 7월 자유신문사에 입사하고 문화부 기자가 됨. 12월 장남 세형 출생함. 『세계

일보』에 『나의 생애에 흐르는 시간들』, 『일곱개의 층계』 등을, 『민성』에 시 『지하실』을, 『신천지』에 『아메리카의 영화시론』, 『사르트르와 실존주의』와 시 『인도네시아 인민에게 주는 시』를 발표함.

1949년 김병욱(金秉旭) · 김경린, 양병식, 김수영, 임호권, 등과 함께 동인지 《신시론 新詩論》 제1집을 발간했다. 4월 신시론 동인들의 5인 합동사화집 『새로운 도시와 시민들의 합창』 출간. 이 사화집에 『지하실』, 『열차』, 「인천항」, 『남풍』, 『인도네시아 인민들에게 주는 시』를 수록함. 6월 경향신문사에 기자로 입사함. 『민성』에 시 『정신의 행방을 찾아서』를 발표함.

1950년 1월 김차영(金次榮) · 김규동(金奎東) · 이봉래(李奉來) 등과 피난지 부산에서 동인 '후반기(後半紀)'를 결성하여 모더니즘 운동을 전개하기도 하였다. 한국전쟁으로 동인지 『후반기』 출간이 무산됨. 9월 딸 세화 출생함. 12월 가족을 데리고 대구 동인동으로 피난감.

1951년 1 · 4후퇴 때 대구에서 『경향신문』 전선판 발행의 종군기자로 활동함. 5월 육군정훈부 소속 종군작가단에 참여함. 여름 부산으로 이사함. 『대구일보』 『영남일보』 『국제신보』 등에 『신호탄』, 『고향에 가서』, 『벽』, 『문제되는 것』 등의 시를 발표함.

1952년 『국제신보』가 발행하는 『주간국제』에 시론 『현대시의 불행한 단면』을 발표함. 경향신문사에서 퇴사함. 『살아 있는 것이 있다면』, 『어떠한 날까지』, 『부드러운 목소리로 이야기할 때』 등의 시를 발표함.

1953년 환도 직전, 부산에서 후반기의 해산을 결정했다. 둘째 아들 세곤 출생. 7월 서울 집으로 돌아옴.

1954년 『경향신문』 『연합신문』에 영화평론 관련 글들을 발표함.

1955년 직장인 대한해운공사의 일 관계로 "남해호(南海號)" 사무장의

임무를 띠고 부산항을 떠나 미국에 다녀오기도 하였다. 귀국 후『조선일보』에『19간의 아메리카』를 기고했다(5월 13일 및 17일자). 6월 대한해운공사에서 퇴사함.

1955년 10월 15일 첫 시집 《박인환선시집 朴寅煥選詩集》을 "산호장"이라는 출판사에서 내었다.

1956년 시『세월이 가면』을 명동 술집에서 즉흥적으로 쓰고 친구 이진섭이 곡을 부침. 3월 18일 동화백화점 살롱에서 작고문인 추도의 밤에 참석하여 시『죽음 아포롱』,『옛날 사람들에게』를 즉흥적으로 작시하여 발표함. 3월 20일 밤 9시 자택에서 심장마비로 사망. 9월 19일 망우리 묘소에『세월이 가면』 전편을 새긴 시비를 세움.

1976년 그의 20주기를 맞아 장남 세형(世馨)이 《목마와 숙녀》를 간행하였다.

1987년 5월 25일 양성우 엮음『박인환 시가 있는 명상노우트』이 일월서각에서 출간됨.

1991년『박인환시선 /목마와 숙녀』, 미래사 출간 (2002년 신판 발간).

2005년 12월 "아리랑"이라는 잡지 1957년 4월호에 실린 박인환의 시『3-1절의 노래』가 박민일(전 강원대 교수)에 의해 발굴되었다.

2005년 12월 20일『한국대표시인 101인시집 박인환』, 문학사상 출간.

박인환연구문헌서지

간호배. 「'후반기' 동인의 시에 나타난 모더니티 연구」. 국제학술대회. 제8집. 2002.

강계순. 『아! 박인환-사랑의 진실마저도 애증의 그림자를 버릴 때』. 문학예술사. 1983.

공광규. 「치열한 현실인식과 사실주의 시 : 조국 상실. 전쟁 등 생체험을 바탕으로 한 새로운 시대 시민들의 합창」. 문학사상. 제35권 제3호 통권401호. 2006.

권계영. 「박인환 시의 허무의식 연구」. 인문논총. 제6집. 2003.

권영민. 「모든 떠나는 것을 위하여」. 정한모 · 금재홍 공편저. 『한국대표시평설』. 문학세계사. 1983.

김　선. 「댄디이즘과 영혼(靈魂)의 내출혈(內出血) : 박인환이 겪었던 상황을 중심으로」. 열린문학. 통권39호. 2007.

김　훈. 「박인환 시의 분석적 연구」. 강원인문논총. 제9집. 2001.

김강제. 「박인환 시의 의식 변화 연구」. 동아어문논집. 제7집. 1997.

김광균 외. 『세월이 가면 : 시인 박인환과 문학과 그 주변』. 근역서제. 1982.

김규동. 「박인환론」. 심상. 1978. 1.

김선학. 「한국 전후시의 일고찰」. 논문집. 동국대학교경주캠퍼스. 제5집. 1986.

김성옥. 「박인환 시의 현실인식 연구」. 명지대 석사학위논문. 2003.

김수영. 「마리서사」. 『고요한 기대』. 창우사. 1966.

김영주. 「한국 전후시의 죽음의식 연구」. 숙명여대 박사학위논문. 1999.

김영철. 「박인환의 현실주의 시 연구」. 관악어문연구. 제21권 제1집. 1996.

김영철. 『한국 전후 문학의 기수- 박인환』. 건국대학교출판부. 2000.

김영철. 「한국 모더니스트의 기수. 박인환의 삶과 시-모더니즘. 리얼리즘. 실존주의의 시세계 구축」. 『한국대표시인 101인선집』. 문학사상사. 2005.

김용성. 『한국 현대문학사 탐방』. 국민서관. 1973.

김은영. 「박인환 초기시의 서사정신과 현실비판의식」. 사림어문연구. 제12집. 1999.

김은영. 「1950년대 모더니즘 시 연구」. 창원대 박사학위논문. 2000.

김은영. 「박인환의 실존주의 시 연구」. 사림어문연구. 제13집. 2000.

김은영. 「1950년대 모더니즘 시 연구」. 사림어문연구. 제14집. 2001.

김은영. 「한국 현대시와 영화의 영향관계 연구」. 배달말. 제32집. 2003.

김은철. 「박인환 시의 현실과 시적 대응」. 한민족어문학. 제47집. 2005.

김재홍. 「동인 시운동의 변천」. 심상. 1975. 8.

김재홍. 『한국전쟁과 현대시의 응전력』. 평민사. 1978.

김정임. 「박인환 시 연구」. 연세대 석사학위논문. 1993.

김종윤. 「1950년대 남북한 시인 연구 : 전쟁체험과 실존적 불안의식-박인환 론」.

현대문학의연구. 제7집. 1996.
김지선. 「폐허의 도시와 센티멘탈리즘 : 1950년대 박인환의 시와 도시 풍경」. 한국문학평론. 제9권 제1호 통권 제29호. 2005.
김차영. 「박인환에 대한 몇 가지 추억」. 시문학. 1975. 6.
나명순. 「1950년대 모더니즘 시 연구 : 박인환의 실험과 실패를 중심으로」. 인문논총. 제11집. 2003.
맹문재 편. 『박인환 깊이 읽기 : 박인환 시인 탄생 80주년 타계 50주년 기념』. 시정시학. 2006.
문승묵 편. 『사랑은 가고 과거는 남는 것 : 박인환 전집』. 예옥. 2006.
박경자. 「박인환 시에 나타난 죽음의식 연구」. 경기대교육대학원 석사학위논문. 2004.
박귀례. 「박인환 연구」. 성신여대 석사학위논문. 1975.
박미용. 「박인환 시 연구」. 공주사범대 교육대학원 석사학위논문. 1987.
박민수. 『현대시의 사회시학적 연구』. 느티나무. 1989.
박민수. 『한국현대시의 리얼리즘과 모더니즘』. 국학자료원. 1996.
박민수. 「박인환론」. 관동향토문화연구. 제8집. 1990.
박성자. 「박인환 시의 내면의식 연구: 모더니즘과 리얼리즘의 상관성을 중심으로」. 인하대 교육대학원 석사학위논문. 2003.
박성현. 「한국 전후시의 죽음의식 연구 : 김종삼 · 박인환 · 전봉건을 중심으로」. 건국대 석사학위논문. 1998.
박슬기. 「한국 전후시의 그로테스크 시학 연구 : 박인환 · 고석규 · 전봉건을 중심으로」. 서울대 석사학위논문. 2004.
박영민. 「박인환의 시에 나타난 "비"의 이미지 연구—전쟁체험을 중심으로」. 겨레어문학. 제32집. 2004
박유미. 「박인환의 〈목마와 숙녀〉 구조 분석」. 용봉논총. 인문학연구 제32집. 2003.
박의상. 「박인환의 시」. 현대시학. 1973. 1.
박인환. 『박인환전집』. 문학세계사. 1986.
박철석. 「한국시와 밤의 인식」. 수련어문논집. 제3집. 1975.
박철석. 「박인환론」. 현대시학. 1981. 2.
박철석. 『한국현대시인론』. 학문사. 1983.
박태진. 「시인 박인환」. 김광균 외. 『세월이 가면 : 시인 박인환과 문학과 그 주변』. 근역서제. 1982.
박혜숙. 「생과 사의 대립과 삶에의 치환」. 건국어문학. 제21집. 1997.
방민호. 「박인환 산문에 나타난 미국」. 한국현대문학연구. 제19집. 2006.
배 훈. 「'후반기' 동인 연구」. 숭실어문. 제14집. 1998.
백승철. 「현대시의 서구주의-박인환」. 심상. 1974. 2.
손원상. 「박인환 시 연구」. 영남대 교육대학원 석사학위논문. 1989.
송하춘 · 이남호 공편. 『1950년대의 시인들』. 나남. 1994.

신정은.「박인환·김수영의 1950년대 시 대비 연구」. 경북대 석사학위논문. 1995.
안도섭.「잊을 수 없는 시인의 회상」. 자유신문. 1957. 9. 22.
안수진.「모더니즘시의 부정성 형성 연구 : 박인환과 김수영을 중심으로」. 서울대 석사학위논문. 1997.
안진선.「박인환 시 연구」. 한남대 교육대학원 석사학위논문. 2004.
양애경.「박인환 시 연구」. 어문연구. 제27집. 1995.
양애경.『한국 퇴폐적 낭만주의시 연구』. 국학자료원. 1999.
양일웅.「박인환 시 연구」. 전남대 석사학위논문. 1994.
엄동섭.「해방기 박인환의 문학적 변모 양상」. 어문논집. 제36집. 2007.
오문석.「박인환의 시정신과 산문정신 : 세계를 보는 두 개의 눈」. 시와 산문. 문학사상. 제35권 제3호 통권401호. 2006.
오세영.「후반기 동인의 시사적 위치」. 문학사상. 1981. 1.
오정혜.「박인환 시의 공간 기호 체계분석」. 동아어문논집. 제12집. 2001.
유재천.「박인환론」. 배달말. 제14집. 1989.
육선영.「박인환 시의 주제의식 연구」. 대구가톨릭대 교육대학원 석사학위논문. 2004.
윤석산.『박인환—지금 그 사람 이름은 잊었지만』. 영학출판사. 1983.
윤석산.『박인환 평전: 지금 그 사람 이름은 잊었지만』. 모시는 사람들. 2003.
윤석산.「목마를 타고 떠난 시인」. 박인환.『한국대표시인 101인선집』. 문학사상사. 2005.
윤향아.「朴寅煥 時 연구 : 실존적 시의식과 지적 서정을 중심으로」. 성균관대 석사학위논문. 1995.
이건청.「박인환과 모더니즘적 추구」.『한국 현대시사 연구』. 일지사. 1983.
이건청.「후반기동인과 모더니즘적 추구-박인환의 시를 중심으로」. 한국학논집. 제6집. 1984.
이기성.「모더니즘을 넘어서는 심연—박인환 김수영을 중심으로」. 이화어문논집. 제15권. 1997.
이기성.「모더니즘의 심연을 넘어서는 시적 여정」. 이화어문논집. 제20권. 2002.
이동하.『박인환 평전』. 문학세계사. 1986.
이동하 편저.『한국현대시인연구⑫ 박인환-박인환 평전·논집/박인환 대표시 감상·연구자료』. 문학세계사. 1993.
이동하.「박인환의 시세계에 대하여」. 박인환.『목마와 숙녀』. 한국대표시인 100시인선집36. 미래사. 2003.
이봉구.「내가 알던 시인 박인환」. 신시학. 1956. 5.
이소영.「1950년대 모더니즘 시 연구 : 박인환, 전봉건, 김수영의 시를 중심으로」. 명지대 박사학위논문. 2004.
이소영.「박인환 시 연구」. 한국문예비평연구. 제14집. 2004.

이재철.「모더니즘 시론 소고」. 시문학. 1976. 9.
이재훈.「한국 현대시의 허무의식 연구 : 유치환, 박인환, 이형기, 강은교를 중심으로」. 중앙대 박사학위논문. 2007.
이정윤.「박인환 시 연구」. 경원어문논집. 제3집. 1999.
이주형.「박인환 시고」. 국어교육연구. 제10집. 1978.
이현원.「박인환의 시에 나타난 실존적 신(神)관념」. 계명어문학. 제12집. 1999.
이홍섭.「박인환 시 연구」. 경희대 석사학위논문. 2001.
이홍섭 · 박인환.「'검은 신'에 담긴 진정성」. 시인세계. 제14집. 2005.
임미화.「박인환 시에 나타난 현실인식 연구」. 건국대 교육대학원 석사학위논문. 1997.
임종성.「생명 · 현실 인식과 시적 고뇌」. 어문학교육. 제19집. 1997.
장만영.「불안한 연대의 박인환」. 현대문학. 제8권 제12집. 1962.
장만영.「박인환 회고」.『그리운 날에 : 시와 수필』. 박문출판사. 1965.
장수철.「박인환 시 연구」. 한양대 석사학위논문. 1996.
장승엽.「박인환의 모더니티(modernity)의 본질과 한계」. 한국문학논총. 제5집. 1982.
장승화.「한국 모더니즘 시의 기본 패턴 Pattern 시론 : 특히 김기림, 정지용, 김광균, 박인환을 중심으로」. 국어국문학. 제5집. 1982.
정문선.「모더니즘 시와 영화기법 : 박인환 시의 시간의식과 화자의 시선 이동을 중심으로」. 시학과언어학. 제1집. 2001.
정신재.「불연속적 세계관과 죽음 콤플렉스 : 박인환 론」. 시와비평&시조와비평. 통권112호. 2007.
정유미.「박인환 시의 모더니티 연구」. 전북대 석사학위논문. 2007.
정유화.「시의 원시림을 향한 시적 주체의 경계미학」. 어문연구. 제33권 제1호. 2005.
조용봉.「박인환 시 연구」. 한국외국어대 교육대학원 석사학위논문. 2000.
최라영.「달 속에 흐르는 검은 강 : 박인환론」. 신생. 제31집. 2007.
최라영.「박인환 시에서 '경사(傾斜)'의 의미」. 한국현대문학연구. 제21집. 2007.
최문식.「박인환 시의식 연구」. 단국대 교육대학원 석사학위논문. 2003.
최영민.「박인환 시 연구」. 충남대 석사학위논문. 1997.
최영환.「박인환 시에 나타난 삶과 죽음의 양면적 성격」. 동의대 석사학위논문. 2003.
최진송.「종군시의 의미와 분단극복」. 새얼어문논집. 제4집. 1988.
최하림.「문단이면사」. 경향신문. 1983. 5.
최혜숙.「박인환 시 세계 고찰」. 조선대 교육대학원 석사학위논문. 1994.
한계전.「50년대 모더니즘 시의 가능성」. 한양어문. 제13집. 1995.
한명희.「박인환 시의 정신분석적 접근」. 어문학. 제81집. 2003.

한명희. 「박인환 시 '아메리카 詩抄'에 대하여」. 어문학. 제85집. 2004.
한명희. 「박인환과 김수영, 그 영향의 수수 관계」. 어문논총. 제43집. 2005.
한명희. 「1950년대 모더니즘시의 서정성-김수영, 박인환 시를 중심으로」. 한국시학연구. 제16집. 2006.
한명희. 「'오이디푸스 콤플렉스'를 통해 본 김수영, 박인환, 김종삼의 시세계」. 어문학. 제97집. 2007.
허금주. 「박인환 시에 나타난 죽음의식 연구」. 한양어문. 제19집. 2001.
허혜정. 「1950년대 '후반기' 동인의 시와 시론연구」. 동국대학교 석사학위논문. 1993.
홍성식. 「한국 모더니즘 시의 스티븐 스펜더 수용」. 동서비교문학저널. 제13집. 2005.
홍성식. 「박인환 시의 현실의식과 탈색의 과정」. 새국어교육. 제73집. 2006.
황경숙. 「박인환 시 연구」. 효성여대 석사학위논문. 1991.

박인환, 정치적 메타비판으로서의 시세계

초판1쇄 인쇄 / 2008년 2월 25일 ● 초판1쇄 발행 / 2008년 2월 28일 ● 지은이 / 서규환
펴낸곳 / 도서출판 다인아트 등록 1996년 3월 8일 제87호 인천광역시 남동구 구월3동 1096-19 tel. 032+431+0268 / 0269(fax) e-mail : dainart@korea.com ● 인쇄 / 국제문화사 ● 제본 / 을지제본

ISBN 978-89-89014-65-2
값 / 17,000원